ECONOMIA
na palma da mão
DO ECONOMÊS PARA O PORTUGUÊS

CARLOS EDUARDO S. GONÇALVES
BRUNO CARA GIOVANNETTI

ECONOMIA
na palma da mao
DO ECONOMÊS PARA O PORTUGUÊS

Benvirá

ISBN 978-85-8240-258-0

DADOS INTERNACIONAIS DE CATALOGAÇÃO NA PUBLICAÇÃO (CIP)
ANGÉLICA ILACQUA CRB-8/7057

Editora
Saraiva

Rua Henrique Schaumann, 270
Pinheiros – São Paulo – SP – CEP: 05413-010
PABX (11) 3613-3000

SAC | **0800-0117875**
De 2ª a 6ª, das 8h30 às 19h30
www.editorasaraiva.com.br/contato

Gonçalves, Carlos Eduardo S.
Economia na palma da mão: do economês para o
português / Carlos Eduardo S. Gonçalves, Bruno
Giovannetti. – São Paulo: Benvirá, 2015.
232 p.

ISBN 978-85-8240-258-0

1. Economia. 2. Microeconomia. 3. Macroeconomia.
I. Título II.Giovannetti, Bruno.

15-0895

CDD-330
CDU-330

Diretora editorial	Flávia Alves Bravin
Gerente editorial	Rogério Eduardo Alves
Planejamento editorial	Rita de Cássia S. Puoço
Editoras	Débora Guterman
	Paula Carvalho
	Tatiana Allegro
Assistente editorial	Lara Moreira Félix
Produtores editoriais	Alline Garcia Bullara
	Amanda Maria da Silva
	Daniela Nogueira Secondo
	Deborah Mattos
	Rosana Peroni Fazolari
	William Rezende Paiva
Comunicação e produção digital	Maurício Scervianinas de França
	Nathalia Setrini Luiz
Suporte editorial	Juliana Bojczuk
Produção gráfica	Liliane Cristina Gomes

Preparação	Maria Silvia Mourão Netto
Revisão	Dyda Bessana
	Maurício Katayama
Índice remissivo	Maurício Katayama
Diagramação	Bruno Sales
Capa	Bruno Sales
Impressão e acabamento	Bartira Gráfica

Índices para catálogo sistemático:

1. Economia

Copyright © Carlos Eduardo S. Gonçalves e
Bruno Cara Giovannetti

Todos os direitos reservados à Benvirá,
um selo da Saraiva Educação.
www.benvira.com.br

1ª edição, 2015
2ª tiragem, 2015
3ª tiragem, 2016

Nenhuma parte desta publicação poderá ser reproduzida por
qualquer meio ou forma sem a prévia autorização da Editora
Saraiva. A violação dos direitos autorais é crime estabelecido
na lei nº 9.610/98 e punido pelo artigo 184 do Código Penal.

383.627.001.003

Para Clara, Felipe, Maria e Lucila, por fazerem a vida
valer tanto a pena de ser vivida.

— Carlos Eduardo

Para meus amores, Laura e Priscilla.

— Bruno

Sumário

Prefácio 13
Introdução 15

Parte 1 – Economia

Economia
(Por que decidi não comprar um cachorro) 19

Macroeconomia e microeconomia
(Visões de uma floresta) 22

Racionalidade econômica
(Como não cair no canto da sereia) 23

Trocas
(Por que não crio vacas) 25

Moeda
(A maior invenção depois da roda?) 27

Restrição orçamentária
(Onde eu almoço e onde eu almoçava) 29

Curva de demanda
(Quanto vale a quinta garrafa de água?) 30

Curva de oferta
(A qualidade da terra, segundo David Ricardo) 33

Custo de oportunidade
(O quarto apertado da filha do escritor) 35

Custos de produção
(Neste caso, tamanho importa!) 37

Elasticidade
(Por que as camisas dos times de futebol são tão caras?) 40

Equilíbrio de mercado
(Qual o número correto de cachorros-quentes na economia?) 42

Controle de preços
(Criando mercados paralelos e matando as cidades) 45

Desigualdade e pobreza
(R$ 200 aqui são mais que R$ 200 acolá) 49

Monopólios
(Abaixo os campeões nacionais!) 51

Externalidades negativas
(Proíbam o cigarro nos ônibus, mas deixem as pessoas abrirem bares para fumantes) 54

Meio ambiente e economia
(Que tal privatizar uma parte da floresta?) 57

Externalidades positivas
(A lei de Pitágoras e o remédio para a impotência sexual) 60

Bens públicos
(A diferença entre maçãs e as Forças Armadas) 62

Impostos
(A perda de peso morto dos gastos x, y, w e z) 65

Equivalência ricardiana
(Baixou tem de subir!) 69

Inflação
(Minha mãe me ligou por causa do preço do tomate, não por causa da inflação) 72

Imposto inflacionário
(Estão taxando você por debaixo dos panos!) 74

Curva de Laffer
(O mais famoso U invertido da economia) 77

Subsídio
(Mais nem sempre é melhor) 79

Economia informal
(A garagem apertada do mecânico) 82

Teoria do ciclo de vida
(O "sobe e desce" dá tontura) 85

Aposentadoria
(O problema da cigarra idosa, e não da cigarra no inverno) 87

Dilema dos prisioneiros
(O que há em comum na relação entre dois ladrões de galinha
e entre duas superpotências?) 91

Firmas
(Por que acabei comprando um de meus fornecedores) 95

PIB
(A produção cinematográfica também entra na conta) 100

Renda
(A lei de Lavoisier também vale para a economia) 102

Renda *per capita*
(Por que o Bruno não tem do que reclamar!) 103

Poupança e consumo
(O hoje e o amanhã) 105

Investimento produtivo
(Como meu vizinho abriu um restaurante usando o seu dinheiro,
caro leitor) 107

Exportações e importações
(Para que servem os dólares?) ... 109

PIB potencial e ciclos econômicos
(A economia aquece, esfria, aquece, esfria) ... 110

Rigidez de salários e de preços
(Por que as recessões são agudas) ... 113

Teoria neoclássica dos ciclos econômicos
(As oscilações do PIB provêm de oscilações do PIB potencial, e não da demanda) ... 115

Taxa de desemprego
(O jeito como é calculada é meio confuso...) ... 118

Tipos de desemprego
(O Bruno não deveria precisar dar aulas de História) ... 119

Capital humano e salários
(Por que a decisão da prima da minha empregada de fazer faculdade aumenta o salário da minha empregada) ... 123

Máquinas e salários
(Máquinas roubando empregos?) ... 125

Curva de Phillips
(Pensaram que ela tinha desaparecido!) ... 127

Política monetária
(Timoneiro, a bombordo!) ... 130

Independência do Banco Central
(Protegendo a sociedade dos políticos) ... 133

Câmbio fixo *versus* flutuante
(Credibilidade *versus* flexibilidade) ... 135

Metas de inflação
(Credibilidade sem perder a flexibilidade) ... 139

Política fiscal
(Em tempos de vacas magras, mais gastos do governo; em tempos de vacas gordas, menos gastos) 141

Lei de Okun
(Crescimento e emprego de mãos dadas) 143

Direito de propriedade
(Sem direito de propriedade não há desenvolvimento) 145

Desenvolvimento de longo prazo
(Condições necessárias e suficientes) 147

A teoria de Thomas Malthus
(Patinando no mesmo lugar) 150

Parte 2 – Economia financeira

Investimento financeiro
(O dinheiro viajando no tempo) 157

Juros
(O aluguel do dinheiro) 160

Renda fixa e renda variável
(Parece, mas não é) 163

Ações
(Um pedacinho da empresa para chamar de seu) 166

Dividendos
(Maçãs) 169

Títulos públicos
(Ei, você aí, me dá um dinheiro aí) 171

Caderneta de poupança
(É ruim, mas é bom) 175

Prêmio de risco
(Pagando bem, que mal tem?) 176

Aversão ao risco
(Cada um tem a sua) 180

Risco sistemático e risco idiossincrático
(Os gêmeos bivitelinos das finanças) 183

Valor justo de uma ação
(O diabo está nos detalhes) 187

Fatores de risco
(Diga-me com quem andas e te direi quem és) 191

Retorno controlado pelo risco
(Ah, Mister M...) 197

Fundos de investimento
(Passivo ou ativo?) 199

Venda a descoberto
(Vender sem ter? Pode isso, Arnaldo?) 203

Bolhas financeiras
(Como uma onda no mar) 206

Hipótese dos mercados eficientes
(O nome leva a grandes mal entendidos) 209

Derivativos
(Tão real quanto o seguro do seu carro) 214

A crise de 2008
(A conta estava errada e ninguém viu...) 218

Índice remissivo 225

Prefácio

O que é uma curva de demanda?

A maior parte das pessoas de bom senso tende a responder com outra pergunta: a demanda faz curvas?

Imagine agora a seguinte situação: você está na estrada, na saída para o feriadão, preso num imenso congestionamento, sob o sol de uma tarde de verão, morto de sede. Caminhando no meio dos carros, um rapaz oferece garrafas de água geladinhas. Você pede uma e o vendedor diz: "Déiz real".

Um roubo, você pensa, mas paga.

Já no supermercado, você compra cinco garrafas da mesma água e não paga mais que um real por cada uma.

Certo?

Então, você sabe o que é curva de demanda. A quinta garrafa vale menos que a primeira.

A economia é a ciência dos nossos dias porque formaliza essas, digamos, intuições do senso comum.

Por outro lado, a ciência econômica mostra também como certas coisas que parecem óbvias, na verdade, não o são. Por exemplo: a renda fixa é fixa, mas pode ser variável.

E não há mistério nisso, conforme o leitor verá neste livro admirável. As relações econômicas comandam a vida de todo mundo; logo, a gente deveria entendê-las. E, sim, dá para entender. Os autores explicam como tudo isso acontece, em bom e, não raro, divertido português.

Imperdível.

Carlos Alberto Sardenberg
Jornalista e comentarista econômico da CBN e da Globo

P.S. A propósito, juros também fazem curvas...

Introdução

Muita gente se sente desencorajada a aprender economia por achar que é difícil, chato ou ambos. E ainda por cima tem o tal do "economês" atrapalhando, um monte de termos complicados que acabam confundindo as pessoas. Então nós tivemos a ideia de estruturar um livro sem complicações, nos quais traduzimos o "economês" sem entupir o leitor com milhões de definições inúteis e cansativas. O resultado foi este *Economia na palma da mão*. Com ele, vamos convencer todo mundo de que aprender economia não só é importante como também divertido, e que os conceitos centrais são, na verdade, bastante simples.

Assim, para estabelecermos uma conexão com o público mais amplo e leigo e ajudá-lo a compreender melhor a discussão econômica, as principais ideias e conceitos da área são introduzidos em uma sequência de verbetes. Cada um vem acompanhado de uma explicação geral e de uma série de exemplos, em linguajar bem descontraído.

Além disso, o leitor encontrará aplicações de cada conceito no cenário do debate econômico contemporâneo. Sem notar, os termos vão deixando de ser técnicos para se tornarem expressões familiares, e você automaticamente começará a ganhar fluência no "economês".

Vale lembrar que a ordem dos verbetes não é alfabética. Para uma melhor organização do material, preferimos dividi-lo em dois grandes grupos: "Economia" (escrito pelo Carlos Eduardo) e "Economia financeira" (escrito pelo Bruno). A partir daí, dentro de cada grupo, os verbetes seguem uma ordenação que, acreditamos, ajudará no entendimento do todo. E tem mais: se você quiser encontrar algum verbete específico, também pode recorrer ao índice remissivo no fim do livro.

Boa leitura!

Os autores

PARTE 1
Economia

CARLOS EDUARDO S. GONÇALVES

Economia
(Por que decidi não comprar um cachorro)

Economia é a ciência que estuda as escolhas de pessoas, empresas e governos.

Se uma criança perguntasse a você o que é economia, o que você diria?

Conheço gente que responde aos pequenos interessados que economia tem a ver com dinheiro e sua distribuição. Mas não é isso que eu e o Bruno dizemos para nossos filhos. A bem da verdade, essa é uma descrição muito incompleta. O dinheiro é apenas um instrumento que facilita o funcionamento do sistema econômico – um instrumento importante, sem dúvida, mas que não representa bem a essência da economia. Eu costumo responder à minha filha mais velha que economia tem a ver com as *escolhas* que a gente faz a respeito de praticamente tudo. A começar por quantos filhos ter! Onde tem um conflito custo/benefício, tem economia – ou seja, é bom você ler este livro com bastante atenção, pois ela está praticamente em todo canto.

A ciência econômica investiga como empregamos nosso tempo, nossas habilidades e o dinheiro que temos à disposição; o que resolvemos comprar; no que escolhemos trabalhar; como, quanto e quando poupar; quantos anos estudar etc. E o ponto de partida das ciências econômicas é este: nada existe em quantidades infinitas, a começar pelo seu tempo. É por conta dessa dura e inescapável realidade que se torna essencial entender como fazer uso dos recursos que temos à nossa disposição. A escassez (o fato de que nada existe em quantidade infinita) implica que um dado uso, seja de uma máquina, seja do nosso salário, seja do nosso tempo, sempre compete com outro.

Veja a coisa por este prisma: num mundo onde as coisas existissem em quantidades ilimitadas, suficientes para satisfazer plenamente as vontades de todo mundo, as escolhas perderiam a importância, e não existiria algo chamado economia! E nós certamente não estaríamos escrevendo este livro.

Mas as coisas não são assim. Tanto em sociedade como individualmente, temos de fazer opções, sempre. Não há escapatória.

Vou dar um exemplo simples: como o dinheiro que você vai ganhar ao longo da sua vida de trabalho não é infinito, se você, um amante de animais, decidir ter dois cachorros em casa por uns 15 anos (e cuidar bem deles, claro), é importante ter em mente que essa escolha implica que você está abrindo mão de um carro popular zerinho nesse mesmo período. Não, não estou falando para você não ter cachorro e, em vez disso, comprar um carro; aliás, um economista nunca diria isso; ele nunca interferiria em suas escolhas pessoais. O importante desse exemplo é que ele apenas deixa claro que ter *mais* de uma coisa implica ter *menos* de outra. Em inglês, a gente chama isso de *trade-off*.

Agora pense no seu tempo. Ainda que você seja daqueles que conseguem dormir poucas horas, o tempo é certamente um recurso escasso. Assim, se você opta por assistir a muita TV, vai estudar menos do que poderia – necessariamente (sempre insisto nesse exemplo com minha filha). Ou, se você decide fazer faculdade no período matutino, essa escolha implica que você está trocando a possibilidade de um emprego hoje – que ajudaria a logo se tornar independente da mesada dos seus pais – por um emprego só daqui a alguns anos, mas que pagará um salário mais alto lá na frente, justamente porque você fez faculdade. Olha o tal *trade-off* aí.

São tantas as escolhas... Devo abrir uma firma de serviços de informática ou de produção de pneus? Se o governo decide gastar mais com determinado programa social, ele deve aumentar o imposto de renda ou fazer dívida de modo a custear esse aumento nos gastos? Alugo ou compro o apartamento de que tanto gostei? O empresário deve contratar um funcionário a mais ou usar o dinheiro do caixa da empresa para treinar o funcionário que já tem e ainda adquirir um computador melhor? Nós, autores, devemos viajar em janeiro com nossa família ou ficar em casa escrevendo este livro, para que ele possa chegar logo às livrarias? Escolhas, escolhas, escolhas.

Entender como se dão essas escolhas, o que as alteram e o que elas implicam para cada um nós e para o conjunto de todos nós é o que constitui o verdadeiro objeto de estudo da economia.

Macroeconomia e microeconomia
(Visões de uma floresta)

A microeconomia estuda como pessoas e empresas tomam suas decisões, no nível individual. A macroeconomia estuda como tais decisões, quando agregadas, se relacionam.

A diferença entre macroeconomia e microeconomia pode ser compreendida mais facilmente se usarmos a metáfora da floresta. Pense na *macroeconomia* como a área que estuda a evolução da floresta como um todo, ao longo do tempo. Por exemplo, a expansão dos limites da floresta; a temperatura e a quantidade média de chuva que ela recebe e como isso muda de ano para ano; a qualidade geral do solo; o total de espécies vegetais e animais que nela habitam. Enfim, a macroeconomia lança um olhar sobre o todo. É a visão de uma pessoa sobrevoando a floresta de helicóptero, com um bom binóculo.

É essa descrição do dia a dia da macroeconomia que você normalmente encontra no caderno de economia dos jornais, onde se discutem grandes temas como inflação, crescimento do PIB (Produto Interno Bruto), déficit do governo etc. (temas que serão explicados em outros verbetes adiante). Na macroeconomia, em resumo, o foco de análise é, principalmente, entender como as variáveis econômicas evoluem ao longo do tempo.

Já a *microeconomia* estuda como se dão as interações num nível mais *detalhado*, abaixo da superfície. Pensando na metáfora da floresta, os objetos de estudo da microeconomia seriam as diferentes espécies de árvores que a compõem (ao invés de seu número total); as variações da qualidade do solo em vários pontos da floresta; as diferenças de temperatura interna num mesmo dia; os conflitos e as cooperações específicas que ocorrem entre os animais etc. É a visão de um explorador situado lá dentro da floresta, que seguramente perde a perspectiva do todo, mas ganha um entendimento mais detalhado da diversidade daquele ecossistema.

Tanto a macro quanto a microeconomia são muito importantes para entendermos o funcionamento do sistema econômico-social, mas, como costumamos alertar nossos alunos, a "fundação do prédio", ou seja, o que lhe dá sustentação, é mesmo a microeconomia.

Racionalidade econômica
(Como não cair no canto da sereia)

Racionalidade econômica é não cometer sistematicamente o mesmo tipo de equívoco, é não "jogar contra" você mesmo.

Os economistas usam muito o termo *racionalidade econômica*. Mas o que diabos ele significa? Nada complicado. Racionalidade econômica é a hipótese de que as pessoas, em geral, norteiam suas escolhas de modo que essas lhes proporcionem o maior grau de felicidade possível, usando para isso o melhor conjunto de informações possível (que, veja bem, pode não ser completo).

Mas ser racional não é sinônimo de acertar sempre nas suas decisões, pois é claro que a gente às vezes se equivoca. E muitas das burradas que cometemos ocorrem por não termos informação suficiente sobre alguns assuntos. Só que isso não significa que não sejamos racionais! Fazer escolhas com informação limitada é de fato problemático. E, mesmo sendo verdade que nem sempre as pessoas parecem agir com racionalidade, parece-nos boa a crença de que, na maioria das situações, elas agem tentando atingir o melhor resultado para si. O contrário, convenhamos, é difícil de engolir.

Os economistas entendem que há situações de escolha irracional, ou *irracionalidade econômica*, quando você "joga contra você mesmo". É o que ocorre quando a pessoa cede a tentações de curto prazo que acabam por prejudicá-la. Por exemplo, quando você decide começar uma dieta para reduzir o colesterol e, logo ao fim da primeira semana, devora uma feijoada, você está jogando contra você mesmo, traindo a escolha que entende ser a melhor para si. O mesmo se dá quando você planeja abrir uma poupança mensal, mas não resiste ao ver uma nova versão do seu celular na vitrine e gasta o dinheiro que era para a poupança, fazendo isso "contra sua própria vontade".

Como lutar contra nossa própria irracionalidade? Resposta: tornando difícil para si mesmo ceder a tentações. Por exemplo, ao pagar um ano de ginástica adiantado, você se força mais a ir à academia. E ao programar com seu gerente de banco uma poupança automática e mensal, cujo valor é retirado da sua conta assim que cai o pagamento, será mais difícil você ceder e comprar o celular novo ao invés de poupar.

O exemplo de irracionalidade de que eu mais gosto – e uma boa sugestão de como contorná-la – vem de um livro antigo. Na *Odisseia*, de Homero, o herói chamado Ulisses navega de volta para casa após a Guerra de Troia e é tentado pelo canto das sereias a mergulhar no mar para conhecê-las de perto. Acontece que, se ele mergulhar, elas o matam! Sereias são traiçoeiras, e nosso herói sabe disso; portanto, ele teme cair na tentação. O que faz então o esperto Ulisses? Amarra suas mãos ao mastro do navio, e assim pode ouvir o maravilhoso canto das sereias sem arriscar a vida. Ulisses foi racional na luta contra sua própria irracionalidade!

Trocas
(Por que não crio vacas)

As trocas entre as pessoas são o principal motor da economia.

As pessoas vivem trocando entre si as várias coisas que produzem, e é isso que faz a economia funcionar bem. A lição número um aqui é: se não existissem trocas, nossa vida se tornaria mais difícil, porque cada um de nós precisaria produzir todas as coisas que gostaria de consumir.

Imagine se eu, por exemplo, não pudesse trocar minhas aulas de economia por roupas e comidas. Teria de fabricar com minhas próprias e inábeis mãos minhas roupas, além de manter vacas no quintal de casa e plantar uns pés de alface e tomate. Ia ser complicadíssimo.

PARTE 1 – ECONOMIA 25

Claro que não ofereço aulas de economia no supermercado e no shopping em troca dos bens que eles vendem nesses lugares. Mas não importa, porque, no fundo, a coisa funciona como se fosse assim. Na prática, dou aulas e recebo um salário por isso. Então, com esse salário, compro leite, carne e algumas roupas.

Mas repare bem na transação que acabei de descrever e veja que, no final, o que ocorre é que troquei minhas aulas por carnes + leite + algumas roupas! O dinheiro é, na verdade, apenas um instrumento que ajuda a efetuar a troca final entre o que eu sei fazer – no meu caso, dar aulas – e as coisas que quero comprar e que são produzidas por outras pessoas com habilidades diferentes das minhas.

As trocas são fundamentais porque facilitam que cada um se especialize em fazer o que melhor sabe. E essa especialização permitida pelas trocas torna todo mundo mais produtivo. É graças às trocas que as pessoas podem gastar mais tempo se aprimorando na produção daquilo que fazem bem. Isso significa, por exemplo, que um mundo em que tem gente que só produz cerveja e gente que produz apenas suco de laranja vai ser um mundo com maior quantidade total de cerveja e de suco de laranja do que um no qual todos produzem simultaneamente essas duas coisas, e não são especialistas eficientes em nenhuma delas.

Assim, o conceito de troca é essencial porque é por meio dela que a economia consegue funcionar.

Moeda
(A maior invenção depois da roda?)

A moeda é o instrumento que nos facilita efetivar as trocas.

Como vimos no verbete anterior, realizar trocas é fundamental para que a economia funcione a contento, para que cada um possa se dedicar a fazer aquilo que faz melhor. OK, mas como eu troco este livro que estamos escrevendo por caixas de leite no supermercado? Posso até chamar o gerente e oferecer o livro em troca de algumas caixas, mas creio que isso não funcionaria...

É a moeda que faz esse serviço, claro, e de uma maneira muito eficaz. O livro é vendido na livraria, eu ganho um dinheirinho com isso e depois uso esse dinheiro no supermercado para comprar o que eu quiser. A moeda facilita em muito a troca, pois ela "magicamente" transforma o livro em qualquer outro produto que eu queira comprar!

Hoje nós usamos como moeda esse papel timbrado que o governo fabrica e pinta com as figuras mais variadas, mas nem sempre foi assim. Durante o Império Romano, por exemplo, usava-se sal como moeda. Nessa época, as coisas eram então valoradas em relação a gramas de sal. Funcionava, mas com algumas dificuldades. Primeiro, para qualquer transação que você fizesse era necessário ter por perto uma balança. Dureza. E como saber se a balança era confiável? Segundo, ter de carregar sal por aí não parece algo muito trivial, ainda mais se você vai sair para fazer compras grandes e em lugares longínquos!

Terceiro, como as pessoas usavam sal como moeda para fazer transações, sobrava menos sal para pôr na comida!

Depois surgiu o dinheiro em forma de metal, mas mesmo assim continuavam existindo dificuldades: (i) a moeda era pura?; (ii) que troço pesado de carregar!; (iii) com metais sendo usados para trocas, menos metais ficavam disponíveis para outros usos.

Claro, o homem é um bicho esperto e, com o tempo, foi percebendo todos esses inconvenientes. Certo dia, então, alguém disse: "Olha, em vez de você ficar andando com essas moedas pesadas por aí, deixe-as comigo, guarde este recibo provando que você as depositou aqui e use-o para fazer as trocas que precisar. É mais fácil".

Surgia, assim, o papel-moeda. No começo, era garantido pelo lastro de moedas de ouro depositadas numa instituição que passamos a chamar de banco; mais tarde, quando os governos se tornaram mais sólidos, esse papel – chamado de moeda fiduciária – deixou de ser lastreado em ouro e passou a ser garantido apenas pela palavra do Estado (*fiducia*, do latim, significa confiança).

Hoje em dia, você não pode trocar seu dinheiro por ouro no banco a qualquer hora. Mas a questão é que isso não é mais necessário. O necessário é a *fiducia*, ou seja, que todos aceitem a moeda em todo tipo de transação possível e acreditem que outros farão a mesma coisa. E quem é o garantidor da *fiducia*? O governo, claro. Não é à toa que as pessoas rejeitam a moeda de governos fracos e instáveis e buscam refúgio na moeda de governos mais confiáveis, quando o governo de seu próprio país faz picadinho da *fiducia*.

Restrição orçamentária
(Onde eu almoço e onde eu almoçava)

Restrição orçamentária é o limite para a quantidade de coisas que você consegue adquirir considerando sua renda e os preços dos produtos e dos serviços.

O funcionamento da economia é pautado pelas escolhas, como vimos no verbete "Economia" (p. 19). Mas, infelizmente, elas não são livres, leves e soltas, e não há milagre: dados os preços das coisas e dada a sua renda, existe um limite para a quantidade de coisas que você consegue adquirir. O nome desse limite é justamente "restrição orçamentária".

Lembro-me de uma vez em que eu disse à minha mãe que não ia comprar uma blusa cara que vimos numa vitrine porque estava sem dinheiro, ao que ela respondeu: "Ah, pague com cartão de crédito!". Então retruquei que o cartão não aliviaria minha restrição orçamentária, apenas adiaria a chegada da conta.

A restrição orçamentária não tem como ser burlada; essa é a mensagem central deste verbete. Se você consome acima da sua renda hoje, amanhã precisa consumir abaixo dela para poder pagar o cartão de crédito!

Quando a renda aumenta, dizemos que a restrição orçamentária fica "mais folgada", o que significa que dá para comprar mais de cada coisa aos mesmos preços de antes. De fato, normalmente, quando a restrição orçamentária está folgada, a gente também fica mais "folgado" e acaba comprando coisas que não comprava antes. Ou seja, mudanças na restrição orçamentária modificam nossas escolhas.

Por exemplo, quando eu tinha de viver com a restrição orçamentária de bolsista de mestrado, meus almoços eram sempre no bandejão da USP, por ser mais barato. Agora que sou professor, minha nova restrição orçamentária passa a permitir escolhas de almoço um pouco mais agradáveis.

A restrição orçamentária também fica mais folgada quando os preços das coisas que consumimos se reduzem. Por exemplo, se você costuma gastar R$ 200 por mês com livros, isso dá mais ou menos cinco livros em 30 dias. Agora, se os livros caem de preço, digamos uns 25%, os mesmíssimos cinco livros podem ser comprados com R$ 150: a queda dos preços gera uma folga de R$ 50 na sua restrição orçamentária. Esses R$ 50 "novos" podem ser usados do jeito que você quiser: comprando mais cerveja para os churrascos de fim de semana com os amigos, comprando ainda mais livros, ou ainda um misto dessas duas coisas!

Curva de demanda
(Quanto vale a quinta garrafa de água?)

A curva de demanda de determinado bem nos diz quanto estamos dispostos a pagar para adquirir diferentes quantidades desse bem. A curva de demanda é uma associação inversa (quando sobe um, desce o outro) entre quantidade demandada e preço: quanto maior o preço de um bem, menor a demanda por ele.

A definição apresentada no parágrafo anterior parece bem básica, não? Mas de onde vem essa associação inversa entre preço e quantidade?

Primeiro, vem do fato de que você pode em muitos casos substituir uma coisa que fica mais cara por outra que cumpra função semelhante e seja mais barata. Então, quando sobe o preço da primeira, você abre um pouco mão dela adquirindo mais da substituta (ou seja, a demanda por aquele primeiro bem diminui). Por exemplo, se o preço do ingresso para o estádio de futebol se eleva, você substitui algumas idas ao estádio por outra diversão mais em conta, como idas ao cinema, por exemplo. Assim, se com o ingresso a R$ 50 você vai ao estádio cinco vezes ao ano, com o ingresso a R$ 70 você vai menos, digamos três vezes apenas. Essa lógica de substituir uma coisa por outra já sugere por que, quando não há muitos substitutos para um dado produto, ele fica caro. O produtor pode cobrar mais porque você não tem muito para onde fugir.

Outro modo de entender a inclinação da curva de demanda é por meio da constatação de que, quanto mais você tem de uma coisa, menor o benefício de adquirir uma unidade adicional dela. Se o benefício é menor, você só topa comprar maior quantidade se o preço também for menor. Por exemplo, se estiver com sede, quanto você estaria disposto a pagar por uma garrafa de água? Não fale, guarde o número na cabeça. Agora me diga: qual sua disposição para pagar por uma segunda garrafa, uma vez que sua sede já diminuiu bastante depois da primeira? E pela terceira? E pela quarta? Você deve estar respondendo com

PARTE 1 – ECONOMIA   **31**

números cada vez menores à medida que a quantidade de garrafas vai aumentando, certo? Pronto, aí está: você acabou de traçar na cabeça uma curva de demanda por garrafas de água que é inversamente associada ao preço que você topa pagar. Parabéns! Isso é que é ser autodidata.

Bom, entendido isso, agora pegue a curva de demanda de cada um de nós por garrafas de água (demandas individuais), some as quantidades demandadas por cada um em cada patamar de preço e temos finalmente a *demanda de mercado* por garrafas de água. *Eureka*! Muito bem, mas qual o preço de mercado da garrafa de água? Ah, isso a gente só terá como saber quando juntar a demanda de mercado com a oferta de garrafas de água. Continue lendo os verbetes que a gente chega lá.

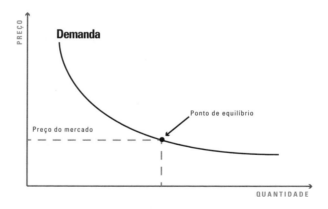

Curva de oferta
(A qualidade da terra, segundo David Ricardo)

Curva de oferta é a associação positiva (ou seja, quando um cresce, o outro também cresce) entre a quantidade que o produtor de determinado bem se dispõe a pôr no mercado e o preço que ele recebe: quanto maior o preço de venda, mais o produtor está disposto a produzir.

A definição apresentada acima é bastante intuitiva, não é? Produz-se mais apenas se o bem tiver preço maior. O motivo é simples (e não tem nada a ver com a probabilidade de o produtor ser alguém mau que quer nos prejudicar): produzir uma unidade a mais, a partir de certo ponto, fica cada vez mais custoso para a firma. Isso ocorre, por exemplo, no caso de fábricas, porque as máquinas funcionam mais tempo e sofrem avarias mais frequentemente e porque o turno da noite – contratado para aumentar a produção – recebe salários mais altos que o diurno, entre outros fatores.

Na agricultura, por exemplo, o que dá origem a esses aumentos cada vez maiores de custos é que, para a produção crescer, você precisa começar a plantar em áreas não tão boas quanto as iniciais, áreas que demandam mais fertilizantes e mais irrigação, e onde dá mais praga. Assim, só vale a pena plantar nessas áreas se o preço final do produto vendido compensar esses acréscimos crescentes de custos. O economista clássico David Ricardo chamou a atenção para isso uns 200 anos atrás!

Porém, vale lembrar que, se é descoberta uma nova técnica, tecnologia ou semente, enfim, algo que possibilite uma redução generalizada de custos, o produtor tem incentivo para ofertar mais, cobrando menos. Nesse caso, o negócio pula para uma nova curva de oferta, na qual, agora, as mesmas quantidades são vendidas a preços menores. É quase um milagre, mas não vem da bondade do empresário (que não é bom nem mau), e sim do fato de que o barateamento dos custos torna interessante a venda de maiores quantidades.

Como no caso da demanda, a *oferta de mercado* de um produto é a soma, em cada patamar de preço, do montante produzido por todos os produtores. Assim, é importante para o bom funcionamento da economia que não existam muitas barreiras (a tal burocracia) dificultando a entrada de novas empresas no mercado, pois essas barreiras impactam a oferta de mercado.

Se não houvesse a entrada de novos produtores no mercado, um aumento na procura (ou demanda) de um produto qualquer precisaria ser suprido apenas pelas fábricas existentes, já em operação. E, como o custo de cada uma delas vai crescendo cada vez mais rápido à medida que a fábrica zera sua ociosidade, esse aumento de produção só se daria a um preço muito alto para o consumidor. Além disso, são normalmente as novas empresas, chamadas empresas "entrantes", as que mais geram inovações e que, portanto, mais contribuem para a redução de preços nos diversos setores da economia.

No Brasil, infelizmente, é muito difícil abrir e fechar empresas. Quem já tentou sabe do pesadelo burocrático que isso representa. A consequência, como estamos vendo neste verbete, é que nossa economia gera menos inovação e menores reduções de custos para a sociedade.

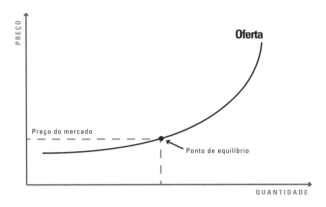

Custo de oportunidade
(O quarto apertado da filha do escritor)

Custo de oportunidade é quanto você deixa de ganhar fazendo uma determinada escolha ao invés de outra. É basicamente o custo de abrir mão da segunda melhor alternativa, que você acaba deixando de lado ao escolher a primeira melhor alternativa.

Todos os custos econômicos são, na verdade, custos de oportunidade. O custo de oportunidade de estar escrevendo este livro é o custo de deixar de lado a segunda melhor opção de como usar meu tempo — por exemplo, dormir um pouco mais por dia. Já o custo de oportunidade para você que se dispôs a ler este livro é que, nesse tempo, você poderia estar lendo um romance. O custo de oportunidade de um namoro levado a sério é que você deixa de conhecer outras pessoas (esse custo cai quando você não leva tão a sério o namoro). O custo de oportunidade de ver novela todo dia é que assim você tem pouco tempo para ler este livro aqui, ou aquele romance.

E assim por diante. Os custos de oportunidade, caro leitor, estão em todos os lugares...

Uma vez perguntei a um escritor em que local ele trabalhava em seu novo romance. Ele disse que havia colocado a filha para dormir no quarto dos meninos e montado um escritório no quarto dela. E concluiu: "Economizei esse custo, o de alugar um lugar para trabalhar". Mas a decisão dele teve um custo claro: seus três filhos agora compartilham um lugar mais apertado, e inclusive precisaram se livrar de alguns brinquedos para acomodar o novo arranjo, o que gerou brigas. A decisão de usar o quarto da filha como escritório pode até ter sido a mais apropriada para a família, mas que essa decisão teve um custo, ah, isso teve. E é esse custo que precisa ser comparado com o custo de alugar um pequeno escritório fora de casa. Se dá muita briga, mais vale pagar o aluguel!

Por fim, um último exemplo: quando um empresário contrata mão de obra, ele incorre em um custo de contratação, cujo principal componente é o salário pago ao novo funcionário. Como entender esse custo como um custo de oportunidade? Ora, para que o funcionário concorde em mudar de emprego (no caso de ele estar trabalhando em outra empresa), o empresário precisa bancar o valor da melhor opção que o funcionário tem à sua disposição hoje, que é o salário mais as condições de emprego atuais. Sem isso, o funcionário não muda de emprego.

E se a pessoa estiver desempregada? Nesse caso, o custo de oportunidade é menor, mas ainda existe. Afinal, o desempregado pode optar por esperar mais um pouco para ver se surge algo melhor, pode decidir que é chegada a hora de abrir um negócio próprio, ou ainda pode escolher se aposentar um pouco antes do planejado. Esses são os custos de oportunidade de se aceitar trabalhar numa empresa, custos que precisam ser cobertos por quem quer contratar o funcionário.

Custos de produção

(Neste caso, tamanho importa!)

Custos de produção são os custos que uma firma tem de pagar para produzir alguma coisa.

Os chamados custos de produção podem ser divididos em custos *fixos* e *variáveis*.

Custo variável é aquele que cresce junto com o volume de produção. Por exemplo, quando um motorista de ônibus dirige o veículo, o custo do combustível e da manutenção (óleo, pneus etc.) é variável: ele será maior quanto mais o ônibus rodar.

Numa fábrica, o custo associado ao uso de energia elétrica é variável, pois, quando uma fábrica aumenta a pro-

PARTE 1 – ECONOMIA   37

dução, esse custo aumenta junto, ao mesmo tempo: as luzes precisam ficar acesas mais tempo e as máquinas, mais tempo ligadas na tomada. O custo do desgaste das máquinas também é um bom exemplo de custo variável: quando se produz mais, desgasta-se mais a máquina, uma relação direta e imediata. A folha de pagamentos também tem um belo componente de custo variável, pois, ainda que o empresário nem sempre contrate mais funcionários para aumentar a produção, ele precisará ao menos aumentar a duração dos turnos de quem já trabalha, caso queira produzir mais. Nesse caso, porém, ele vai pagar hora extra, que é mais cara do que a hora trabalhada no turno normal.

Já o *custo fixo* é aquele que não aumenta imediatamente com o uso nem com a quantidade produzida.

No caso do ônibus, para usarmos o mesmo exemplo da página anterior, o custo fixo refere-se à quantia que o empresário desembolsou para comprá-lo. Esse valor independe de quanto o ônibus será usado. Outro exemplo: o custo de aluguel de um prédio espaçoso no qual funciona uma escola com capacidade para 1.200 alunos não varia se, de um ano para outro, ela passar a ter 1.000 alunos, ao invés dos 700 do ano anterior. Claro que, se a escola crescer muito, será necessário, em algum momento, alugar o prédio ao lado ou talvez um andar a mais. Então, não é que o custo fixo nunca se altere; a ideia é que ele não muda na razão de "um para um" com a quantidade produzida (no caso, alunos recebidos).

Agora, se você somar o *custo fixo* com o *custo variável*, chegará ao que chamamos de *custo total*. E, dividindo o custo total pela quantidade produzida – ou, no caso da escola, pelo número de alunos matriculados –, você obtém o *custo médio*. Ufa!

Observe que, no exemplo da escola, o custo fixo de alugar o prédio e de pagar os professores necessários para dar os cursos é diluído à medida que aumenta o número de alunos por sala. O aluguel não muda, o salário dos professores também não se altera, mas a fração aluguel/aluno e a fração professor/aluno caem, derrubando, assim, o custo médio.

Isso tem implicações para o tamanho ideal de um empreendimento: se a escola tiver poucos alunos, o aluguel e o salário dos professores tornam a escola inviável economicamente, porque o custo médio da operação fica enorme. Como o custo médio vai se reduzindo à medida que a escola recebe mais alunos, o segredo do negócio, no caso, é ter tamanho.

Atividades com custos fixos grandes, como ensino escolar, produção de aviões (o custo altíssimo de design e pesquisa tecnológica é fixo, não muda com a quantidade de aeronaves fabricadas) e invenção de medicamentos (enormes custos fixos de pesquisa para descobrir novas fórmulas), precisam ocorrer em uma escala elevada para poderem ser competitivas. Nesses casos, enfim, o tamanho realmente importa!

Elasticidade
(Por que as camisas dos times de futebol são tão caras?)

A elasticidade é uma medida de sensibilidade, de quanto alguma coisa reage a oscilações em outra coisa. A elasticidade-preço da demanda, por exemplo, nos diz em que medida a quantidade demandada de um produto reage a mudanças em seu preço.

O Mauro, amigo nosso de longa data, é corintiano fanático. Para ele, um aumento no preço do ingresso para assistir a um jogo no estádio quase não afeta o número de vezes que ele vai ver o Timão de perto. Como a demanda dele por ingresso não reage muito ao preço do ingresso, a gente fala que essa demanda é *inelástica* ao preço.

A demanda das pessoas por gasolina também é inelástica, principalmente no curto prazo. Quando sobe o preço na bomba, é difícil você logo reduzir seus deslocamentos, não é? É difícil ajustar assim tão depressa sua rotina. Porém, com o tempo, se esse preço se mantém elevado, a demanda por gasolina cai mais do que inicialmente, pois as pessoas já se mobilizaram para economizar, montando esquemas de carona, mudando para mais perto do trabalho, passando a fazer a pé alguns trechos curtos e, sobretudo, comprando carros mais econômicos. No longo prazo, portanto, a demanda por gasolina, que era muito inelástica no curto prazo, vai ficando mais elástica. Mas a demanda do Mauro, não. Essa não muda de elasticidade. Nunca!

40 ECONOMIA NA PALMA DA MÃO

Já os produtos que pouco se diferenciam de um similar oferecido pelos concorrentes apresentam uma elasticidade--preço alta, ou seja, têm demanda *elástica*: a quantidade demandada é muito sensível a mudanças de preço. Por exemplo, se o produtor de maçã Fulano de Tal 1 resolve aumentar o preço da maçã dele, a demanda do mercado pelo seu produto simplesmente despenca, porque as pessoas vão comprar a maçã do Fulano de Tal 2, que vende uma maçã semelhante.

Quando a demanda é elástica, como nesse caso, cada produtor individualmente não tem como cobrar nem um pouquinho a mais do que o preço de mercado, pois isso derrubaria a quantidade que ele pode vender. Esses produtos homogêneos, chamados de *commodities*, acabam tendo um preço bem perto do custo de produção. Por quê? Ora, o fato de os produtos substitutos serem muito similares significa que cobrar um pouquinho a menos é uma beleza para aumentar a quantidade vendida. Mas até que nível o produtor pode baixar o preço, visando aumentar a procura por seu produto? Até seu custo, claro, pois, se vender abaixo disso, passa a ter prejuízo. Então, não esqueça: a consequência da concorrência é que o preço fica pertinho do custo.

Agora, aquele produto especial, que poucos sabem fazer, esse vai ter elasticidade-preço baixa, ou seja, vai ter demanda inelástica: a quantidade demandada diminui pouco, mesmo quando o preço é alto. Isso explica por que é tão caro o preço da consulta de um médico que é reconhecidamente o "papa" da área. Ele não é apenas

PARTE 1 – ECONOMIA **41**

mais uma maçã. Ou melhor, ele é uma maçã única, sem substituto próximo (afinal de contas, o cara é "o cara"). O médico excepcionalmente bom não tem muitos concorrentes, e isso torna a demanda por seus serviços inelástica – e o preço, alto.

Para concluir, voltemos ao futebol. Para aqueles torcedores mais fanáticos, ter a camisa do time preferido é algo muito especial e que não tem substituto próximo. Isso explica o preço exorbitante dessas camisas, cobrado de você pelo time que você tanto preza. Não é curioso que os clubes possam meter a faca no preço da camisa oficial justamente porque seus torcedores lhes são extremamente fiéis?

Equilíbrio de mercado
(Qual o número correto de cachorros-quentes na economia?)

O equilíbrio de mercado se dá quando a oferta encontra a demanda. É esse encontro que determina o preço de equilíbrio de cada produto e a quantidade eficiente a ser produzida.

Em geral, os economistas dizem que o equilíbrio de mercado é *eficiente*. A ideia é que, para a maioria das coisas, não existe maneira melhor do que os mecanismos do livre mercado para determinar quanto deve ser produzido de cada coisa.

Pare um instante para pensar nisto: qual a quantidade correta de arroz, calças, aparelhos de telefone, ingressos de cinema, preservativos, cachorros-quentes etc. que deve estar disponível na economia? Quem pode saber isso? Ninguém, claro.

Ah, mas o mercado (que dispensa adjetivos como bom ou mau) "sabe": a quantidade certa, ou eficiente, é aquela que iguala as curvas de oferta e de demanda de cada produto. Ou seja, nesse equilíbrio, o preço do produto é tal que a quantidade que as pessoas querem comprar (demanda) iguala a quantidade que os produtores querem oferecer (oferta). Isso significa que, no agregado, não há excessos nem faltas.

Veja que, fora desse ponto de equilíbrio, das duas uma: ou a vontade das pessoas de comprar certa quantidade do produto é maior do que o custo de produzir tal quantidade (caso em que a curva de demanda está acima da de oferta); ou o custo de produzir é superior ao valor que a sociedade atribui àquela quantidade do produto (caso em que a curva de oferta está acima da de demanda).

Nenhuma das duas situações parece boa. Nem é eficiente ter produtos em quantidades tais que a vontade das pessoas de pagar seja maior do que o custo de produzir, nem é eficiente produzir em quantidades tais que o custo seja maior do que a vontade das pessoas de pagar.

O ponto central é que, nos dois casos, é possível melhorar a situação. No primeiro, aumentando a quantidade para satisfazer a demanda não atendida das pessoas; no segundo, reduzindo a quantidade para diminuir os custos incorridos.

Por que os economistas defendem que seja o mercado livre que determine a quantidade e o preço de cada bem? Porque assim esses dois tipos de desequilíbrio que mencionamos são corrigidos. Aliás, é justamente essa a ideia da "mão invisível", criada pelo famoso Adam Smith há mais de 200 anos. Mas como isso se dá de fato?

Vamos explicar. Se, por algum motivo, o preço de alguma coisa fica acima do seu valor de equilíbrio, uma parte da produção não é vendida e, por conta disso, os preços começam a cair. Agora, por um motivo qualquer, se o preço fica abaixo do preço de equilíbrio, a procura (demanda) excede a oferta, e isso pressiona os preços para cima. Viu só? O preço sempre tende a gravitar de volta para o preço de equilíbrio e, por conta disso, a quantidade sempre retorna a seu valor eficiente, seu valor de equilíbrio. E isso acontece naturalmente no mercado; é a tal "mão invisível".

E quando não deixam a mão invisível funcionar, o que ocorre? A resposta você encontra no próximo verbete, "Controle de preços". No entanto, veremos em outros verbetes que há diversas situações em que a intervenção do governo é, de fato, necessária e bem-vinda. Discutiremos alguns casos em que, por si só, o mercado não funciona bem, como no que diz respeito à importantíssima questão da distribuição de renda.

Controle de preços
(Criando mercados paralelos e matando as cidades)

Ocorre um controle de preços quando há interferência governamental sobre preços de mercado através de, por exemplo, congelamentos de preços.

No Brasil, e também em outros países, o governo já tentou muitas vezes fixar os preços das coisas na economia (lembram-se dos planos do Sarney e, mais recentemente, da intervenção da Dilma nos preços da energia?). Mas esse tipo de esquema, ainda que bem-intencionado, nunca funcionou e nunca funcionará. Vejamos o porquê.

A ideia central do verbete "Equilíbrio de mercado" (p. 42) sugere que os preços são uma espécie de mensageiro que indica, de um lado, a vontade das pessoas de comprar (curva de demanda) e, de outro, os custos de se produzir o conjunto de bens que a sociedade quer (curva de oferta). O preço faz essas duas coisas coincidirem. Então, se o governo controla os preços, ele impede esse mecanismo de operar. Ele mata o mensageiro que leva aos produtores as informações sobre a vontade dos consumidores e que traz de volta aos consumidores informações sobre os custos de se satisfazer sua vontade.

Alguns exemplos ajudam a entender por que, na prática, congelar preços não é uma boa ideia.

Um governo que congela o preço do arroz num patamar baixo normalmente pensa que assim está ajudando as pessoas mais pobres. Mas será que está? O que você acha que ocorre com a produção de arroz se o governo proíbe o produtor de cobrar o preço de mercado? Num primeiro momento, pouca coisa muda, até porque o agricultor já plantou o arroz daquela safra, mas é claro que ele vai plantar menos arroz da próxima vez. Vai usar sua terra, seus funcionários, seus tratores para produzir outra coisa; chuchu, talvez. A oferta de arroz então encolhe, e haverá, no fim das contas, *menos* arroz para os mais pobres, e não *mais*!

O congelamento do preço pelo governo acaba provocando falta de arroz, após algum tempo. Isso sem falar nas filas, que surgem por conta da disputa pelo pouco arroz em circulação, e no mercado paralelo de arroz, que aparece para escapar da legislação. Fica com o arroz quem aparece mais cedo na fila e aguenta mais horas em pé e quem se arrisca no mercado paralelo.

Este é o problema dos mercados paralelos: neles, o consumidor fica desprotegido, não tem acesso à lei, não pode processar um fabricante que lhe vende comida estragada, por exemplo. Ademais, quem está operando no mercado paralelo não paga nenhum imposto, e isso prejudica os programas do governo, que dependem da arrecadação de impostos, claro.

Mesmo em países mais desenvolvidos volta e meia alguém congela um preço, com consequências quase sempre catastróficas. Nos Estados Unidos, já foi mania fixar o preço dos aluguéis abaixo do valor de livre mercado. Supostamente isso visaria ajudar os menos abastados, permitindo que morem numa cidade cara como Nova York, por exemplo. Mas como você acha que reagem os donos dos apartamentos? O que ocorre com a *oferta* de apartamentos? Chupando dedo é que eles não ficam.

Ora, se um apartamento não pode ser alugado pelo preço de mercado, para o dono o valor dele se torna menor. Assim, o dono cuida menos do imóvel, e a cidade vai ficando cheia de prédios feios, "detonados". Com o aluguel fixado pelo governo em um nível muito baixo, você que leu o verbete "Curva de demanda" (p. 30) sabe que vai ter muita gente querendo morar de aluguel. E, com esse tanto de gente querendo alugar, não cuidar do apartamento diminui muito pouco as chances de o dono encontrar um inquilino. Está aí mais um incentivo para ser relapso na conservação do apartamento. Para fechar o círculo, por que o inquilino topa morar num apartamento mais detonado? Porque o preço do aluguel é artificialmente baixo por decreto, oras!

Essa dinâmica gera uma grande ineficiência de mercado. Pense, por exemplo, numa família de cinco pessoas que vira uma família de duas quando os filhos saem de casa. Se antes essa família vivia num apartamento grande, o ideal seria que agora se mudassem para um menor, visto que os pimpolhos se foram. Isso liberaria o apartamento para uma família numericamente maior, com filhos pequenos.

Numa economia *sem* controle de aluguéis, essa dinâmica eficiente ocorre normalmente, fluidamente. O mercado faz o ajuste necessário via preço: não vale a pena pagar um aluguel caro por um apartamento grande onde só vivem dois adultos. Não é uma espécie de bondade social para com o casal jovem com três filhos em busca de um lugar mais amplo que leva o casal mais velho a vagar o apartamento. É o preço, o mensageiro, que lhes envia o sinal para fazerem o que é eficiente não apenas para eles, mas para todos!

Já numa economia com controle de aluguéis, o casal não tem incentivo para sair do apartamento, dado que seu preço tabelado é artificialmente baixo. E, como numa economia com controle de aluguéis tem muita gente querendo achar um apartamento, é até mesmo difícil para o casal mais velho encontrar um imóvel menor disponível. Assim, terminamos com uma baita ineficiência: o casal sem filhos morando num espaço enorme, e o casal cheio de filhos morando não se sabe onde, com a família toda empilhada.

Por fim, se o aluguel é mantido artificialmente baixo – diminuindo o valor de se ter um apartamento –, a demanda pela construção de novos apartamentos será menor e, consequentemente, os construtores reduzirão a oferta, e terminaremos com poucos apartamentos novos. No fim das contas, com o passar do tempo, não apenas os prédios antigos estarão deteriorados, como, além disso, surgirão apenas raríssimos prédios novos. Tudo somado, terminamos com menos lugares para as pessoas morarem, e não com mais! Ao longo do tempo, o controle de aluguéis acaba abalando a vitalidade das cidades, como aconteceu em alguns lugares dos Estados Unidos.

Desigualdade e pobreza
(R$ 200 aqui são mais que R$ 200 acolá)

Desigualdade de renda é uma medida da discrepância da renda das pessoas na economia. Se os mais bem situados na escala dos rendimentos ganham muito mais do que os mais abaixo, dizemos que a desigualdade é alta. Se essa diferença, que sempre existe, é pequena, então a desigualdade é baixa. Normalmente, quando a desigualdade é muito alta, ela vem acompanhada de pobreza.

Muitas pessoas de sucesso financeiro que conhecemos atribuem sua boa situação a esforços nos estudos, afinco no trabalho, seriedade, ética, perseverança etc. Claro que tudo isso conta bastante, mas o que a maioria dessas pessoas não leva em devida conta é que suas condições iniciais, lá no começo da vida, foram fundamentais para determinar o que elas viriam a ser depois.

Normalmente – ainda que nem sempre – pessoas de sucesso são aquelas que nasceram em uma família que cuidou delas, as alimentou, incentivou e pagou por seus estudos, deu exemplos de bom comportamento e dedicação etc. Hoje, economistas sabem que isso conta muito, mas muito mesmo, para explicar o sucesso profissional na vida adulta.

Pois bem, você que está lendo este livro provavelmente nasceu numa família mais ou menos assim. Em outras palavras, é improvável que você venha de uma família muito pobre, daquelas que precisam colocar a criança para

PARTE 1 – ECONOMIA **49**

trabalhar no semáforo com cinco anos de idade. Se você tivesse nascido nessas condições, onde acha que estaria agora, mesmo com muito esforço e dedicação?

Esse é o principal motivo pelo qual existem os programas de distribuição de renda: para quem nasce em condições muito desfavoráveis, sair da pobreza é muito difícil. A pobreza tem, sim, um elemento inercial importante. É triste, mas é verdade. Claro que você ouve falar de histórias de pessoas que venceram a pobreza por mérito próprio, mas, para cada uma dessas histórias, há mil outras de pessoas que nasceram em condições péssimas e continuaram pobres, mesmo tentando com muito esforço sair dessa situação.

E uma sociedade desigual, com muita gente na pobreza, enfrenta vários problemas e não é um lugar legal de se viver. Antes de mais nada, quanto maior a desigualdade, maior a criminalidade. E, no âmbito estritamente econômico, a pobreza é prejudicial para o todo da economia por outro motivo: o pobre não tem como explorar suas potencialidades. Quero dizer o seguinte: provavelmente há muita gente que não se tornou um bom médico, um economista de primeira, um advogado importante ou um empresário inovador, mas tinha potencial para isso caso tivesse podido estudar e se alimentar adequadamente na infância. Captou o tamanho do desperdício que a pobreza, irmã da desigualdade, gera para a sociedade?

Retirar dinheiro dos que têm melhores condições – por meio de um sistema claro de impostos – para destinar aos mais carentes, seja diretamente, via transferência de renda (como o programa Bolsa Família), seja indiretamente, através de educação e saúde pública de qualidade, ajuda também quem *não* é pobre, como o parágrafo anterior explica. Sim, sempre ficamos com o pé atrás diante da ideia de retirar dinheiro de quem o ganha honestamente para transferi-lo a outra pessoa, mas nesse caso vale muito a pena. Até porque um montante como R$ 200 para quem ganha R$ 10 mil por mês vale bem menos do que os mesmos R$ 200 para quem ganha R$ 700 por mês. A perda para o primeiro é muito menor do que o ganho para o segundo, considerando que, para o segundo, esses R$ 200 a mais serão provavelmente gastos em coisas muitíssimo urgentes, como remédios, comida e roupas. A mesma quantia de R$ 200 a menos para quem ganha bem significa, talvez, apenas uma ida a menos ao restaurante.

Monopólios
(Abaixo os campeões nacionais!)

Monopólio é a situação em que há apenas um grande produtor no mercado.

Os monopólios produzem em quantidades menores (e a preços maiores) do que a quantidade ideal para a economia, que é aquela descrita no verbete "Equilíbrio de mercado" (p. 42). A queixa que mais se ouve em relação aos monopólios é que, na ausência de competição, eles cobram caro demais pelo que vendem e têm lucros excessivos. É verdade que, por não haver competição, aquela pressão que empurra os preços para perto dos custos desaparece, no caso dos monopólios. Mas o maior problema nem é esse. O duro é que o monopólio, para cobrar mais caro, acaba fazendo outra coisa perniciosa: ele corta a produção, diminuindo a oferta de bens disponíveis. É esse corte de produção que encarece os preços. E é ele que é ineficiente.

O monopólio é a falta de competição, então não existe a tal mão invisível do mercado funcionando. O que fazer numa situação dessas? Nesse caso, os governos regulam a ação dos monopolistas, normalmente via regulação de preços (que, nesse caso específico, é aceitável, uma vez que não existe mercado competitivo). Por exemplo, os pedágios cobrados nas estradas concedidas à iniciativa privada são regulados. A regulação pode vir também pela proibição de fusões de empresas que gerariam concentração de mercado.

Mas de onde vêm os monopólios, afinal? Do nada? Às vezes eles nascem de modo espontâneo, sim. Esses são os casos mais óbvios nos quais o governo precisa interferir para coibir os preços abusivos, forçando o monopolista a produzir mais. É o caso dos *monopólios naturais*, que nascem em situações nas quais a produção só é viável em escalas enormes, ou seja, quando produzir se torna inviável para uma porção de pequenos produtores espalhados. É o que se vê quando os custos fixos (ver "Custos de produção", p. 37) são muito elevados e é necessária uma produção em escala para amortizá-los. Por que na maioria dos países existe apenas uma siderúrgica, mas muitas escolas em cada uma de suas grandes cidades? Porque os custos fixos associados aos equipamentos necessários na siderurgia são tão elevados que, se existir mais de uma siderúrgica em operação, dividindo o mercado, nenhuma será viável economicamente.

No entanto, há muitos governos que criam monopólios do nada. Se o governo diz: "Só Fulano de Tal pode produzir ameixas, e quem desrespeitar isso vai preso!", não haverá nada de natural nesse monopólio. O Fulano de Tal vai cobrar acima do custo e vai vender menores quantidades de ameixa no mercado – comparativamente à saudosa época em que produzir ameixas era uma atividade livre, não regulada pelo governo.

Por que o governo faz isso, então? Pode ser porque ele fica com parte da renda do monopólio que cria na canetada (versão mal-intencionada) ou pode ser porque assim incentiva um importante produtor nacional a se desenvolver e ficar forte para competir com produtores de outros países (versão bem-intencionada, mas burra). Essa última versão é conhecida nos jornais como "política dos campeões nacionais". Apesar do nome pomposo, repare na insensatez da coisa toda: o governo incentiva a formação de uma empresa grande e supostamente poderosa, e o resultado disso é que, assim, ele atrapalha a vida do consumidor do seu próprio país, que tem de pagar mais caro por uma quantidade menor do produto.

Não é doida essa história de criar campeões nacionais, uma vez que esses tais campeões viram monopolistas que reduzem a quantidade dos bens circulando na economia? Para mim, essa é uma escolha injustificada, mesmo quando não seja mal-intencionada.

Externalidades negativas

(Proíbam o cigarro nos ônibus, mas deixem as pessoas abrirem bares para fumantes)

Dizemos que ocorre uma externalidade negativa quando a escolha individual de alguém gera uma consequência ruim para os outros.

Os economistas consideram as decisões individuais das pessoas algo quase sagrado. Afinal de contas, cada um conhece melhor a si mesmo do que qualquer outra pessoa: suas vontades, suas restrições etc. Mas o que acontece quando a escolha de alguém atrapalha a vida do outro? Aí a coisa muda de figura.

Um exemplo: fumar dentro de seu carro a caminho do trabalho é uma coisa. Você está ciente dos custos desse ato, e é você mesmo que sofre as consequências disso. Agora, fumar dentro do ônibus no dia em que seu carro quebra é bem diferente. É diferente porque seu vizinho no ônibus tem de respirar sua fumaça, mesmo não querendo! Para ele, isso é uma *externalidade negativa*. Nesse caso, sua "livre escolha" precisa ser regulada pelo governo, a fim de evitar que você gere danos aos outros: hoje, a lei proíbe o fumo em lugares fechados.

É por isso também que há leis regulando a poluição das fábricas, que sujam os rios e o ar. Para uma dada fábrica, poluir o rio vizinho pode ser um bom negócio, pois assim ela reduz seus custos (não precisa gastar com o tratamento de seus dejetos). Mas, para a sociedade, os custos da poluição que saem de graça para a fábrica são bem altos, e esses custos a fábrica não leva em conta numa situação de "livre mercado".

Ocorre, então, a chamada *falha de mercado*, e diante disso o governo assume o papel de intervir para sanar o problema, estipulando impostos, multas e regulamentações.

Porém, atenção: o fato de algumas de nossas ações gerarem danos a terceiros não significa que elas nunca devam acontecer. Por exemplo, se uma lei ordenasse que nenhuma fábrica do mundo pudesse poluir absolutamente nada, produzir qualquer coisa teria um custo altíssimo e, portanto, após essa lei da poluição zero, todos nós teríamos de pagar muitíssimo caro por vários produtos. E alguns produtos, por exemplo, carros e aviões, nem poderiam existir!

O avião que passa lá no alto nos perturba com o barulho que faz, sobretudo quando precisamos nos concentrar. Além disso, ele polui a atmosfera, ou seja, gera uma externalidade negativa. Mas isso não significa que, como sociedade, devamos abolir seu uso. O benefício que o avião gera para quem viaja é bem maior do que o custo da externalidade negativa para quem não o usa. Isso justifica sua existência.

O ponto central é menos radical: como uma parte dos custos do uso do avião acaba caindo no colo de quem não viaja de avião, não dá para deixar os voos livres, leves e soltos, sem nenhuma intervenção do governo nesse mercado. Nesse caso, o correto é o governo obrigar o avião a voar mais alto na maior parte do tempo, para incomodar menos as pessoas (isso torna o voo mais caro para a companhia e, portanto, para os passageiros), e taxar o combustível do avião para que a companhia aérea e seus clientes "levem em conta" que a poluição do avião prejudica outras pessoas.

Como assim, "levar em conta"? Tanto no caso do avião como no caso do uso dos carros, a circulação numa situação de livre mercado – ou seja, sem intervenção do governo – é excessiva porque uma parte dos custos associados ao uso não é paga por quem usa. A um custo artificialmente baixo, as pessoas acabam usando mais do que deveriam. Se, ao avisarmos às pessoas: "Olha, sua viagem de avião e seu passeio de carro geram custos de poluição, barulho e trânsito para toda a sociedade", elas respondessem andando menos de avião e de carro, seria uma beleza. Mas, por motivos óbvios, como esse esquema não funciona na prática, o modo de fazê-las entender o recado é cobrando impostos altos sobre o combustível para encarecer a viagem.

Desse modo, com preços mais altos, elas entendem e economizam no uso. Com o combustível custando mais, cancelam-se viagens menos necessárias, evitam-se deslocamentos de carro que podem facilmente ser feitos a pé, surgem mais esquemas de carona, algumas videoconferências tomam o lugar de visitas presenciais menos importantes a clientes etc.

Voltando ao nosso primeiro exemplo, a lei que proíbe as pessoas de fumar no metrô faz todo o sentido por conta da externalidade negativa. Mas me diga o que você acha da lei que proíbe as pessoas de fumar em todo e qualquer bar. Precisamos dessa lei?

Imagine que você quisesse abrir um bar para fumantes e colocasse um aviso na entrada: "Aqui é permitido fumar". O governo deveria fechar seu estabelecimento ou sobretaxá-lo? Nenhuma das duas coisas, porque quem não gosta de fumaça não precisa ir ao seu bar (o que é bem diferente da situação do ônibus). Seu bar não gera externalidades negativas, pois quem opta por entrar ali gosta de respirar fumaça (se não gostasse, iria a outro bar).

Meio ambiente e economia
(Que tal privatizar uma parte da floresta?)

A relação entre meio ambiente e economia é muito importante. Prova disso é a existência de uma relativamente nova, mas já muito respeitada, área em economia chamada economia ambiental. Ela foca estudos teóricos e empíricos sobre como criar incentivos corretos para cuidar do meio ambiente.

As pessoas normalmente valorizam o meio ambiente por motivos práticos (a destruição de ecossistemas gera vários problemas, como aquecimento global, escassez de água potável, piora da qualidade do solo etc.) e por motivos sentimentais (por exemplo, é gostoso ler um livro embaixo de uma árvore), e isso, ao contrário do que alguns pensam, os economistas também levam em conta.

Muitos dos problemas ligados à rápida destruição do meio ambiente podem ser entendidos segundo a lógica apresentada no verbete anterior, "Externalidades negativas".

PARTE 1 – ECONOMIA **57**

Uma pessoa que corta uma árvore pesa os benefícios privados para ela (o valor de mercado da madeira vendida) e os custos do processo (contratar pessoas e material para cortar a árvore e transportá-la até o mercado consumidor). Mas ela não pesa o custo que representa para a sociedade o fato de existir uma árvore a menos: a qualidade do ar piora, a temperatura global aumenta, há um lugar a menos para os passarinhos fazerem ninhos, ficamos mais tristes diante de um cenário sem vida etc. E, se há uma externalidade negativa, o governo precisa mesmo regulamentar! Não dá para deixar o livre mercado agindo a bel-prazer.

Alguns de vocês podem estar se perguntando: mas mesmo o cara que derruba árvores não teria incentivos para preservar a floresta, para assim ter também mais árvores para cortar no futuro? A externalidade negativa não deixaria de existir por conta disso, é verdade, mas parece que pensar no seu futuro econômico deveria gerar certa moderação no explorador, por interesse próprio, certo?

Não exatamente. O problema aqui é o seguinte: normalmente, o explorador não é dono do trecho de floresta que ele explora, e disputa árvore a árvore com outros exploradores a madeira disponível. Por isso, ele não tem os tais incentivos para se moderar: se ele modera no corte, vem outro e corta a árvore que ele "poupou" para cortar no futuro. Por conta disso, a melhor estratégia é cortar o máximo que dá no menor tempo possível. Claro, isso tem uma consequência perversa: o desmatamento acelerado.

Temos, assim, um problemão: externalidade negativa + baixos incentivos à moderação. Mas lembre-se, prezado leitor, de um ponto mencionado no verbete "Externalidades negativas": o fato de querermos preservar o meio ambiente não significa que não devamos cortar nenhuma árvore – sem árvores cortadas, como fazer móveis, construções, lápis etc.? Significa, na verdade, que devemos regulamentar esse mercado; não aboli-lo completamente. Já a questão sobre o *quanto* deve ser regulamentado é, naturalmente, uma escolha da sociedade: muita regulamentação gera menor oferta de madeira e, portanto, altos preços para ela, para o lápis, os móveis, a construção de casas etc. Regular frouxamente, por outro lado, gera as consequências ruins que já citamos. Tem uma troca aí – ou um *trade-off*, como gostam de dizer os economistas.

De todo modo, uma coisa é fato: como há sérias externalidades negativas envolvidas, não podemos deixar o mercado funcionar livremente. O governo precisa ditar regras (e fiscalizar). Por exemplo, certas áreas são intocáveis; em outras é preciso plantar uma árvore para cada árvore arrancada, e por aí vai. Além disso, também é possível utilizar mecanismos de mercado para ajudar na preservação das florestas.

Pode até parecer paradoxal, mas um jeito de promover a conservação de ecossistemas é privatizar um pedaço da floresta. Isso mesmo, você não leu errado, não. Hoje acontece assim: em vários lugares (é muito difícil fiscalizar tudo), um monte de exploradores ilegais detona a floresta com voracidade porque outros podem chegar ali e arrancar as árvores que eles poupariam. E para que replantar se a árvore que ele semeia hoje pode ser cortada por outro amanhã?

PARTE 1 – ECONOMIA **59**

Então, muitos defendem que seja feito o seguinte: o governo promove um leilão, por exemplo, a fim de vender para o setor privado o direito de explorar *uma parte* da floresta. Assim, os donos legalmente constituídos dessa parcela da floresta têm mais incentivos para conservá-la, já que eles têm direitos de propriedade sobre aquele trecho, e um intruso não pode mais entrar ali para cortar suas árvores. Desse modo, a preservação aumenta muito, e o governo ainda arrecada recursos que podem ser usados para melhorar o monitoramento em outras áreas florestais.

Externalidades positivas
(A lei de Pitágoras e o remédio para a impotência sexual)

Quando a ação de determinado indivíduo gera benefícios não só a si mesmo, como também aos outros, temos uma externalidade positiva.

Pense num escritor famoso, tipo Machado de Assis. Ele era um gênio e deixou para a posteridade um legado literário muito importante. Claro, ao escrever *Dom Casmurro*, por exemplo, Machado recebeu direitos autorais (e quem foi lá e efetivamente imprimiu e vendeu os livros também levou uma grana). Portanto, ele e seu editor beneficiaram não somente os leitores da época, mas também a si próprios. Porém, o mais importante aqui é que, ao longo do tempo, o benefício para a sociedade foi muito maior do que o ganho privado para o "Bruxo do Cosme Velho".

Afinal, Machado nunca ficou rico. Além disso, direitos autorais expiram, e o bem privado *Dom Casmurro* tornou-se de domínio público algumas décadas após a morte do escritor. Hoje é possível baixar o livro grátis no computador, o que permite às pessoas se beneficiarem tremendamente da espetacular habilidade literária do nosso maior escritor. Em resumo, Machado gerou uma grande externalidade positiva ao escrever *Dom Casmurro*.

Pense num físico que descobre uma nova lei da natureza – por exemplo, forças de atração entre as nuvens lá no céu – que pode ser lucrativamente empregada pela indústria de aeronaves. Note-se que é impossível patentear esse tipo de descoberta, assim como não seria possível patentear a lei de Pitágoras ou as leis de atração e movimento de Newton. Ou seja, nesse caso, o benefício gerado pela descoberta não pode ser diretamente apropriado pelo inventor, mas gera um ganho enorme para a sociedade, pois os aviões agora podem voar mais rapidamente e com turbulência reduzida. Está aí uma baita externalidade positiva associada à pesquisa científica! A propósito, é por esse motivo que historicamente os governos têm se disposto a financiar a pesquisa acadêmica básica: por conta do tamanho da externalidade positiva gerada por ela.

Por outro lado, porém, o governo não deveria se meter a financiar o cientista químico trabalhando numa indústria farmacêutica que busca desenvolver um remédio para impotência sexual. Por que não, se tal remédio, após descoberto, gera enormes benefícios para a sociedade? Veja a sutileza do argumento: o que importa não é o tamanho do benefício para a sociedade, e sim a existência ou não de externalidades positivas. No caso desse remédio, a empresa usufrui inteiramente os benefícios da descoberta, pois a lei das patentes impede que, por um bom número de anos, outros fabricantes reproduzam a fórmula inventada. Assim, como o benefício social gerado pelo medicamento é capturado pela farmacêutica através do preço de venda, não há externalidades presentes e não cabe ajuda do governo.

E este livro aqui, que você está lendo? Ao chegar ao fim, você estará muito bem preparado para entender tudo que os políticos falam sobre o funcionamento da economia. Claro, saber melhor economia também o ajudará em sua vida privada. Mas, com base em seus novos conhecimentos, quando no bar ou no clube você explicar aos outros que a plataforma econômica do candidato X é furada, você estará gerando uma externalidade positiva para a sociedade. Menos gente vai votar no candidato populista. Obrigado, caro leitor, a nação agradece!

Bens públicos
(A diferença entre maçãs e as Forças Armadas)

Bens públicos são aqueles bens não fornecidos pelo mercado, e que por isso precisam ser fornecidos pelo governo.

Os bens privados são consumidos apenas por quem se dispõe a pagar por eles. Se eu quero comer uma maçã, preciso pagar por ela. Com esse ato, a maçã passa a ser somente minha, eu viro seu senhor, o possuidor dos direitos de propriedade sobre a fruta! Já no caso de bens públicos, a coisa não funciona assim. De fato, a principal característica de um bem público é: mesmo quem não paga por ele não pode ser impedido de usufruí-lo. Além disso, no caso de um bem público, um consumidor a mais pouco ou nada afeta a capacidade de outras pessoas fazerem uso do mesmo bem.

Bens públicos, portanto, são bens *não excludentes* (não há direitos de propriedade privados sobre eles) e *não rivais* (o uso desses bens por uma pessoa não diminui o uso potencial por outra, ao contrário do caso da maçã).

A defesa nacional é um dos melhores exemplos de bem público "puro sangue". Uma pessoa que deixa de pagar impostos e, assim, não contribui em nada para financiar nosso Exército não pode ser excluída dos benefícios de termos tanques e soldados prontos para nos defender de um eventual ataque estrangeiro. Numa eventual invasão dos argentinos pelo Rio Grande do Sul, por exemplo, nossas Forças Armadas não permitirão que as casas de trabalhadores que não pagam imposto de renda em dia sejam bombardeadas. E o Corpo de Bombeiros nunca deixa de apagar um incêndio no galpão de uma empresa que não pagou o ICMS, nem desiste de resgatar o gatinho de alguém que está atrasado com o Fisco.

Imagine que você pudesse optar por não pagar pelas Forças Armadas, pelos bombeiros e pela polícia. Você individualmente pensaria assim: como na prática não posso ser excluído desses serviços mesmo, o melhor é não pagar e usufruir. É a lógica que os economistas chamam de "pegar carona": usar sem pagar. Mas é claro que, se todos pensassem assim, não teríamos Forças Armadas, bombeiros nem polícia. E sem esses bens públicos nossa vida seria seguramente pior. É por isso que o governo não nos dá a opção de não contribuir, forçando por lei que paguemos impostos que financiem esses bens públicos. Essa intervenção do governo melhora nossa vida.

O fato de os bens públicos serem não excludentes significa que o setor privado nunca irá provê-los. Isso é quase óbvio, pois, por definição, eu não tenho como vender bens a que todo mundo tem acesso, e sobre os quais não há direitos de propriedade.

A estabilidade monetária também é outro exemplo perfeito de bem público. Viver num país de inflação controlada, no qual podemos confiar no valor das notas que carregamos no bolso, é algo bom (os muito jovens não entendem isso direito, pois já nasceram numa era de inflação controlada). Todos nós, brasileiros, usufruímos da estabilidade monetária, independentemente de pagarmos ou não os impostos necessários para financiar a existência de um Banco Central que cuida da nossa moeda, o real. Se eu deixar de pagar impostos amanhã, as moedas que carrego no bolso não perdem subitamente seu valor. A estabilidade monetária é, assim, algo de natureza não excludente. E, se mais pessoas passam a usar o real, o custo de prover a estabilidade monetária não se modifica por causa disso: continuamos precisando apenas de um Banco Central bem gerenciado, sejamos nós 180 milhões ou 200 milhões de habitantes. Estabilidade monetária é um bem não rival.

Impostos
(A perda de peso morto dos gastos x, y, w e z)

Impostos são recursos que o governo retira da sociedade, de modo previsível, para poder fornecer bens públicos e tocar seus programas de gastos.

Como já discutido, é importante que o governo se empenhe no combate à pobreza, que regule o funcionamento de alguns mercados e que nos forneça bens públicos como justiça e segurança, entre outros. Pode ser também que, na sua opinião, o governo gaste em programas que pareçam não fazer muito sentido. De todo modo, independentemente do mérito, a fim de tocar seus programas o governo precisa de *recursos*, prezado leitor, e estes não caem do céu. Pois é, não tem jeito, é necessário arrecadar impostos. É a famosa lei da restrição orçamentária aplicada ao governo!

Lembrar que o governo tem de arrecadar para poder gastar nos conscientiza de duas coisas. Primeiro, antes de reclamar dos impostos, pense que sem impostos não há como ter polícia, justiça, programas sociais, agência de vigilância sanitária, e por aí vai uma longa lista. Segundo, na próxima vez que, naquela conversa de bar, você reclamar que o governo deveria fazer também x, y, w e z, recorde que, para cada um desses interessantíssimos programas, ele precisará tirar de nós todos os meios de financiamento.

Ah, você pode estar pensando que é só atacar a corrupção que sobra mais recursos para os bons programas, certo? Olha, a corrupção é uma praga mesmo, e precisa ser combatida com muito mais vigor e inteligência, mas ela não afeta o que acabamos de dizer. Mesmo se zerássemos a corrupção, ainda teríamos de nos perguntar: devolvemos os recursos aos cidadãos em forma de impostos menores ou os usamos para financiar os interessantíssimos programas de governo x, y, w e z?

Os impostos têm duas faces negativas. A primeira e mais óbvia eu já mencionei: quanto mais pagamos em impostos, menos sobra para gastarmos em outras coisas. Ou seja, para o governo gastar mais, ainda que em coisas interessantes, todos nós precisamos gastar menos. Há, portanto, uma troca de consumo privado por gasto público que precisa ser levada em consideração.

O segundo ponto é mais sutil: os impostos afetam adversamente o desempenho da economia como um todo pois o tamanho do bolo a ser dividido entre gasto do governo e consumo privado diminui. Isso pode soar estranho a princípio se você não é economista: como o bolo encolhe se R$ 1 a menos no meu bolso vira R$ 1 a mais de gasto do governo? Na soma, dá zero, ou não?

Bom, primeiro lembre-se de que o governo tem de manter uma estrutura para *arrecadar* e uma estrutura para *gastar* – que, em si mesmas, precisam ser financiadas com recursos (parte dos impostos que você paga é usada para o governo financiar a máquina de coletar impostos!). No entanto, o maior problema é, na verdade, outro: as pessoas e as empresas não ficam passivas diante dos impostos. Seus incentivos são afetados, e isso faz com que o bolo diminua.

Vamos explicar melhor: se o governo amanhã anunciar que o imposto sobre a renda que os autores deste livro receberão é 95%, nem escreveremos o próximo verbete. Aí não tem livro (o Bruno também disse que desiste), e sem o livro o PIB brasileiro fica um pouquinho menor. Claro, esse é um exemplo extremo, mas a lógica é clara: ao variar a alíquota dos impostos, os incentivos para produzir, trabalhar e investir são adversamente afetados.

Vejamos um exemplo: eu vou aumentar um imposto aqui, e vai ser o imposto de renda! Acima de R$ 10 mil, passará a ser 70%, e abaixo desse valor permanecerá nos "atuais" 20%, OK? Pense num gerente de empresa que ganha R$ 8 mil por mês e recebe uma proposta para ganhar R$ 15 mil em outra empresa. Essa nova empresa pode pagar mais porque é mais eficiente do que aquela em que ele está hoje: tem computadores e métodos de produção mais modernos. Nessa nova empresa, porém, o rapaz precisará se esforçar razoavelmente mais e trabalhar mais horas todo dia...

Primeiro ponto: se ele for para a empresa mais produtiva, seu talento é mais bem aproveitado. Então, para a economia, parece que faz sentido ele ir. Mas e para ele, o que é melhor fazer?

A resposta não é tão óbvia. Esse gerente é um conhecido nosso, na verdade. Sabemos que ele adora dormir até mais tarde e chegar em casa cedo. Assim, ele só topa acordar mais cedo e chegar em casa mais tarde se a diferença de renda ao mudar de emprego compensar essas perdas, se for substancial. Vamos chutar aqui que, por uns 80% a mais de salário, ele muda.

Bem, com o imposto de renda em 20%, se ele aceitar mudar de emprego, passará de uma renda líquida de R$ 8.000 − (R$ 8.000 × 20%), ou seja, R$ 6.400 no bolso, para uma renda líquida na nova empresa de R$ 15.000 − (R$ 15.000 × 20%) = R$ 12.000. Seu acréscimo é de quase 100%! Como ele havia fixado que mudaria de empresa se tivesse um aumento de no mínimo 80%, ele aceita. Desse modo, fica contente em mudar (pois o aumento é maior do que 80%), e a economia como um todo ganha, pois ele vai para uma empresa mais eficiente.

Mas e se entrar em vigor o novo imposto que eu mesmo aumentei uns parágrafos acima? O que acontece? Bom, como o novo imposto só vale para quem ganha a partir de R$ 10 mil, se mudar de emprego nosso amigo pagará um total de impostos de R$ 10.000 × 20% + R$ 5.000 × 70% = R$ 5.500. A renda líquida, após impostos, passa então a ser R$ 15.000 − R$ 5.500 = R$ 9.500. Opa! Com essa nova alíquota de 70%, o aumento que seria de aproximadamente 100% em termos líquidos cai para algo próximo de 50%. Com esse aumento, lembre-se, ele prefere permanecer na empresa antiga e continuar assistindo à novela das seis da tarde. Portanto, o novo imposto impede uma transação que seria vantajosa para ambas as partes, e a contratação deixa de ocorrer. Os economistas dão um nome para essa perda: chamam-na de *perda de peso morto*. Sinistro. Ah, sim, e a economia como um todo sofre porque nosso gerente permanece na empresa menos eficiente, neste caso. O bolo deixa de crescer!

Reforçando a ideia: taxe muito alto o trabalho e teremos menos horas totais trabalhadas (na Europa se trabalha 20% menos do que nos Estados Unidos basicamente por conta de alíquotas de imposto de renda mais altas). Taxe os investimentos e teremos menos máquinas operando nas fábricas e, portanto, fábricas que produzem menos. Taxe as operações financeiras e teremos bancos emprestando menos recursos para pessoas e empresas. E assim vai...

Mas, por favor, não vá sair por aí falando que estamos defendendo a ideia de não taxar nada! Estamos apenas salientando que taxar é uma prática que gera custos para a economia, gera a sinistra perda de peso morto; então, é preciso pensar muito bem sobre quais gastos valem a pena para o governo. É preciso analisar com bastante cuidado os méritos dos programas x, y, w e z, apresentados na mesa do bar.

Equivalência ricardiana
(Baixou tem de subir!)

A equivalência ricardiana nos diz que mais dívida do governo hoje é sinônimo de mais impostos amanhã.

Como no verbete anterior dei uma de "ministro da Economia" e aumentei impostos, neste vou cortá-los. Mais contente, leitor? Ah, mas cuidado com seu otimismo. Falei em cortar impostos sem mencionar nada sobre o que fazer com os gastos do governo. De fato, não disse nada porque não vou mexer nos gastos mesmo. Você está vendo alguma inconsistência nesse plano? Aqui vai a dica: pense na *restrição orçamentária* do governo. Pois é, se à frente do Ministério eu corto impostos, mas não corto gastos, temos um déficit. Como cobrir essa diferença? Vou fazer o que todo mundo faz numa situação assim: emitir títulos da dívida pública, ou seja, pegar emprestado das pessoas em troca de uma promessa, escrita num papel, de restituir esses valores depois. Assim fica coberta a diferença existente.

Epa, mas para saldar essa dívida no futuro vou precisar lá na frente de mais impostos! Claro, se o governo insistir em não cortar os gastos, essa é a única saída para levantar os recursos necessários a fim de pagar a dívida quando ela vencer. Ou seja, corte de imposto hoje virou alta de imposto amanhã, acrescida do juro da dívida!

Sabendo disso, o que você faz com esse corte de impostos com que foi presenteado hoje, leitor? Vislumbrando o aumento de impostos no futuro, você deveria poupar esses recursos que passam a sobrar na sua restrição orçamentária, por exemplo, comprando a dívida que o governo emitiu. Ou seja, se você for racional, não usa esse corte de impostos para consumir mais. Dizendo a mesma coisa de outra forma, essa dívida do governo que você comprou com o dinheiro que sobrou da redução dos impostos não deve ser encarada como aumento de sua riqueza e, portanto, não deve alterar seu padrão de consumo.

Quem teve essa sacada de perceber que dívida do governo hoje equivale a maiores impostos sobre as pessoas amanhã foi o David Ricardo, uns 200 anos atrás. Nada mais justo do que essa lógica levar o nome dele.

Muito bem, apesar de essa lógica ser poderosa, na prática as coisas não funcionam exatamente assim, por um motivo simples: é possível que, na verdade, você pense que quem vai pagar esses impostos mais altos no futuro serão outras pessoas, outra geração talvez. Então, por que se preocupar em poupar esses recursos? Nesse caso, você efetivamente estará mais rico com o corte de impostos de hoje e consequentemente vai aumentar seu consumo. Em resumo, se quem se beneficia da redução de impostos hoje não sente que vai arcar com a necessidade de impostos mais altos no futuro, então adeus equivalência ricardiana.

Meu avô, um economista brilhante, quando tinha 88 anos disse que desde os 80 aumentava seu consumo sempre que os impostos caíam, e brincava dizendo que fazia isso porque sabia que não seria ele a pagar a conta! Descanse em paz, vovô. E, sim, estamos pagando a conta por aqui.

Em algumas situações, pode ser importante esse aumento de consumo que ocorre após a redução de impostos em um mundo no qual não vale a equivalência ricardiana, por exemplo quando a economia se encontra em estado de fraqueza e o governo precisa ajudar a incentivar o consumo e o investimento. Um modo eficiente de usar a estratégia de reduzir impostos para incentivar o consumo num momento recessivo é: anunciar um corte *temporário* dos impostos, ou seja, uma redução com prazo certo para acabar. Nesse caso, como as pessoas sabem que os impostos reduzidos (e, consequentemente, os preços menores resultantes de impostos mais baixos) têm data certa para terminar, elas antecipam seu consumo, principalmente no caso de bens de duração prolongada, como geladeiras, carros e televisores, que compramos apenas de vez em quando. Melhor antecipar a compra para aproveitar o preço com imposto menor.

Inflação

(Minha mãe me ligou por causa do preço do tomate, não por causa da inflação)

Inflação é o aumento continuado e generalizado dos preços. Ela corrói o valor das notas de dinheiro que você tem no bolso, pois, com os preços em alta, essas notas compram cada vez menos coisas.

Um dia desses, minha mãe me telefonou indignada com a alta do preço do tomate. Tinha acabado de ouvir no noticiário da televisão, numa entrevista com o presidente do Banco Central, que a inflação no ano estava caminhando para fechar em 5%. Ela, uma senhora pacífica, desceu a lenha no governo, falando que só podia ser mentira, porque naquele dia mesmo ela tinha ido ao supermercado e o tomate havia dobrado de preço em relação ao mês anterior! "Dobrar é aumentar 100%, e não 5%, ou estou enganada?!", disse ela em tom pouco amistoso.

Foi então que eu expliquei que a inflação, em todo país, é uma medida da variação de preços de vários produtos ao mesmo tempo, não apenas do tomate. A variação do preço do tomate conta, é claro, mas com um peso pequeno, que é o peso desse item na cesta de consumo habitual das pessoas.

O tomate pode subir ou cair de preço dependendo de condições circunstanciais, de uma eventual quebra de safra (ou de uma safra recorde) ou de um problema passageiro de desabastecimento, por exemplo. Como a demanda e a oferta de cada produto podem variar por razões muito específicas e pouco relacionadas ao estado geral da economia, essas oscilações de preços individuais não dizem muita coisa sobre a trajetória da inflação. De fato, é possível que, no mês seguinte, o preço do tomate venha a despencar, quem sabe, uns 90%. Ou que, naquele mesmo dia, minha mãe tenha comprado um quilo de abobrinha por metade do preço do mês anterior e não tenha comentado nada sobre o fato porque com isso ela não se revoltou. Enfim, o que sempre precisamos lembrar é que a inflação é um fenômeno macroeconômico, não microeconômico.

A inflação é algo ruim para a sociedade? A resposta correta é "sim, mas apenas quando é muito alta". Vivendo no Brasil, normalmente respondo a essa pergunta de modo um pouco diferente: "Sim, inflação alta é ruim". Eu fico mais sisudo porque por essas bandas a inflação já foi altíssima e gerou tantas dificuldades que prefiro pender para o lado do conservadorismo. Mas a resposta mais correta é a primeira. Que males ela nos traz, quando muito elevada?

A inflação muito alta dificulta o planejamento orçamentário e os planos de investimento de longo prazo porque, com ela, fica difícil prever onde os preços das coisas estarão daqui a, digamos, uns cinco anos. A inflação muito alta tem um problema mais sério ainda: como as empresas precisam se resguardar contra a corrosão inflacionária de seus lucros, elas gastam tempo e energia demais nessa tarefa e, portanto, tempo e energia de menos cuidando do verdadeiro negócio delas, que é inventar novos produtos, desenvolver processos de produção mais eficientes etc.

Por fim, e não menos importante, a inflação muito alta afeta de modo negativo os mais pobres. O valor do salário desses trabalhadores, recebido no começo do mês, vai caindo com a alta dos preços até o fim do mês. Isso porque eles têm pouco acesso a mecanismos financeiros de proteção contra a inflação, os quais os bancos normalmente oferecem para quem tem mais grana. Os de fato muito pobres nem conta em banco têm; então, a partir do momento em que recebem o pagamento, o poder de compra daquelas notas já começa a cair em uma economia de inflação elevada.

Como dizia meu avô economista: "A inflação alta torna as notinhas que você tem no bolso uma bela batata quente! Você gosta de carregar batatas quentes no bolso?"

Imposto inflacionário
(Estão taxando você por debaixo dos panos!)

Imposto inflacionário é quanto o governo "arrecada" de recursos imprimindo notas de moeda.

Como vimos no verbete "Impostos" (p. 65), para o governo gastar mais, nós precisamos gastar menos, uma vez que o governo precisa tirar da própria sociedade os recursos para financiar seus programas. Normalmente, isso é feito por meio de impostos organizados, previsíveis, aprovados pelo Congresso. A previsibilidade é importante porque diminui os efeitos danosos dos impostos: você sabe quanto precisará entregar ao governo no fim do mês e se programa para isso.

Antigamente, porém, não era assim que a coisa funcionava. Muitos dos recursos dos reis provinham da venda dos direitos de monopólios a seus amiguinhos, o que gerava perdas econômicas relevantes para a economia (ver "Monopólios", p. 51). Ou então essa grana vinha da expropriação de riqueza privada, sem aviso prévio (os soldados do rei iam até as terras do lavrador e levavam parte da colheita), o que aumentava muito a incerteza, afetando negativamente os incentivos para investir e trabalhar. Essas coisas são mais raras hoje em dia, acontecendo somente nos lugares mais subdesenvolvidos do planeta. Já em um passado menos remoto, alguns governos usaram de outra artimanha para pagar pela gastança, uma tática, aliás, bem conhecida de nós, brasileiros: bombar na inflação!

Um governo que arrecada menos do que gasta fecha a restrição orçamentária como? Ele pode se endividar, sim, mas há um limite para isso: logo as pessoas vão relutar ou cobrar muito caro para emprestar a um governo sobre-endividado. Ele pode também imprimir notas de R$ 100 e usá-las para pagar suas despesas. É uma saída fácil, não? Imagine-se com uma grande máquina de imprimir reais em casa, e com direito legal de usá-la. Você não ficaria tentado a imprimir umas notinhas para dar mais fôlego a sua restrição orçamentária? Pois é, o governo também fica. Mas de que modo isso gera inflação? Um monte de notas correndo atrás da mesma quantidade de bens disponíveis na economia só pode resultar em uma desvalorização das ditas notas.

Por que a inflação, principalmente a inflação alta, é uma espécie de imposto?

Quando o governo paga suas contas imprimindo moeda nova, tem mais moeda circulando na economia e, portanto, o preço das coisas, medido em unidades de moeda, sobe. Para entender por que o preço sobe, vamos a um exemplo extremo. Imagine que na economia houvesse somente um bem e que esse bem custasse R$ 10. Imagine ainda que houvesse somente uma nota de R$ 10 na economia. Por fim, suponha que o governo imprimisse outra nota de R$ 10. Resultado: continuaríamos com um bem na economia, mas agora com R$ 20 em moeda. Ou seja, o bem passaria a custar R$ 20.

Mas, voltando, se o preço das coisas se eleva quando mais moeda é emitida, a mesma moeda que você, leitor, tem – ou no seu bolso ou lá, parada, no depósito bancário – acaba comprando uma quantidade menor de coisas. Ora, se você é forçado a consumir menos como consequência de o governo estar gastando mais é porque você está sendo taxado! Você está pagando um imposto, mas um imposto meio disfarçado, sub-reptício: o chamado imposto inflacionário.

Curva de Laffer
(O mais famoso U invertido da economia)

Aumentar a alíquota dos impostos, até certo nível, aumenta a arrecadação do governo. A partir desse nível, novos aumentos da alíquota passam a gerar menor arrecadação. Esse efeito é a chamada curva de Laffer, que tem a forma de uma letra "u" invertida.

Quando o governo eleva a alíquota de um imposto, o que ocorre com o total arrecadado? Muita gente responde: "Ele se eleva, é claro!" Mas não é bem assim. A resposta depende do patamar inicial do imposto. Se ele for baixo, o que ocorre é: a arrecadação sobe *inicialmente* (parte ascendente da perna esquerda do tal U invertido do título). Porém, se o governo segue aumentando a alíquota, a arrecadação total cai (parte descendente da perna direita do U invertido).

Não tem nada de estranho no parágrafo acima, não. Pensemos no seguinte exemplo: se a alíquota do imposto sobre o salário é zero, obviamente o governo arrecada zero. Portanto, com uma nova alíquota, digamos de 10%, a arrecadação desse imposto só pode crescer (afinal, ela era zero!). Até aí, tudo meio óbvio. Mas e se o governo se animar e colocar a alíquota em 70%? Nesse caso, trabalhar num emprego formal se tornará bem oneroso, certo? Mais de dois terços do que você ganha terá de ser entregue para o governo. Assim, muita gente vai

PARTE 1 – ECONOMIA **77**

tentar fugir para o mercado informal, onde não se pagam impostos (no Brasil, esse setor emprega cerca de metade das pessoas!). Além disso, as empresas formais, diante de um imposto tão alto, vão contratar menos. Então, pode acontecer de, ao empurrar a alíquota para 70%, a arrecadação de impostos terminar menor!

Lembra-se do verbete anterior, "Imposto inflacionário"? Pois é, nos casos de inflação muito alta mesmo, a arrecadação desse imposto cai lá para o lado errado da curva de Laffer. Com a inflação muito alta, as pessoas fogem da moeda; ela vira uma batata quente. E, se as pessoas fogem, a base de arrecadação do imposto inflacionário se reduz, e o total arrecadado cai.

Para encerrar este verbete, apresento um desenho bem simples da famosa curva de Laffer:

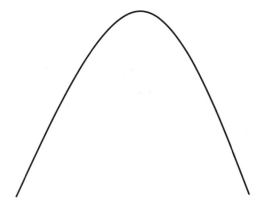

Subsídio
(Mais nem sempre é melhor)

O subsídio é como um imposto ao contrário: é o governo pagando para você quando você faz ou produz alguma coisa que ele decide subsidiar.

As pessoas não gostam quando o governo fala em aumentar impostos, mas aparentemente acham uma boa quando ele fala em dar subsídios, seja para o produtor, seja para o consumidor. Mas de onde você, leitor, acha que vêm os recursos usados para bancar os subsídios? Isso mesmo, dos impostos! Para o governo dar subsídio para alguém, ele precisa cobrar imposto de outro alguém. Então, quem recebe o subsídio, claro, fica muito feliz, mas todo o resto da sociedade é que está bancando essa alegria. Nunca esqueça esta frase: *o subsídio gera ineficiências*! Vamos explicar.

Quando há competição, o mercado livre produz as "quantidades corretas" de cada produto na economia, ao igualar os custos de produzir à vontade de pagar. Mas o subsídio interfere precisamente nesse mecanismo, gerando distorções nas quantidades produzidas: a economia vai artificialmente produzir mais de uma coisa que não devia e, consequentemente, menos de outra.

Por exemplo, se o governo dá um subsídio para o produtor de arroz, ou seja, dá uma grana a mais para esse produtor por cada saca que ele produz (ou reduz algum custo desse produtor, por exemplo, de financiamento), o produtor reagirá aumentando a área plantada de arroz. Assim, com maior oferta, o preço do arroz cai abaixo do preço de livre mercado. Dessa forma, vamos terminar com mais arroz circulando por aí. É seguramente esse aumento da produção que faz as pessoas acharem que subsídio é algo bom para a sociedade. Mas o problema é que a história não termina aí.

Note o seguinte: se o agricultor está plantando mais arroz, ele está necessariamente plantando menos outras coisas, como soja, por exemplo. Normalmente, as pessoas não atentam para essa segunda consequência do subsídio. E veja que a sociedade não queria mais arroz e menos soja; não houve nenhuma mudança de preferências que justificasse essa mexida na produção. Se a sociedade passasse a querer mais arroz, os preços subiriam puxados pela demanda maior, e o produtor naturalmente responderia incrementando a quantidade. Não seriam necessários os subsídios.

O problema, então, é que essa realocação da produção, de soja para arroz, é artificialmente produzida pelo subsídio; ela não decorre de movimentos naturais de demanda e oferta. Por isso, é ineficiente.

Depois desse exemplo de subsídio ao produtor, vamos agora falar de subsídio ao consumidor, que também gera ineficiências.

Os governos gostam de subsidiar o consumo de duas coisas em particular: o uso de energia e o uso de combustível. É superpopular, faz sucesso eleitoral, mas os economistas lutam para que as pessoas entendam que não é algo tão perfeito assim. Primeiro, porque isso tem um custo elevado em termos de impostos (já vimos que alguém tem que bancar a conta). Segundo, no caso do subsídio ao combustível, como o preço na bomba fica menor, as pessoas acabam usando mais intensamente o carro, mais do que usariam na ausência dos subsídios que reduzem artificialmente o preço da gasolina. O subsídio, desse modo, gera mais trânsito e poluição, duas importantes fontes de externalidades negativas. E subsidiar energia gera o mesmo tipo de problema: com preços artificialmente baixos, o uso torna-se excessivo. As pessoas têm menos incentivo para economizar luz e o tempo de uso do chuveiro elétrico e, no fim das contas, quem sofre é o meio ambiente.

Mas será que os subsídios fazem sentido em alguma situação? Sim, em casos em que se pode facilmente detectar a existência de fortes externalidades positivas. Nesses casos, como vimos anteriormente no verbete "Externalidades positivas" (p. 60), faz parte do papel do governo induzir uma oferta maior, pois, na presença de externalidades positivas, a quantidade de livre mercado não é a ideal.

É por isso que os economistas em geral apoiam subsídios à pesquisa científica básica e à cultura, por exemplo – que geram ganhos de externalidade positiva para toda a sociedade, hoje e no futuro –, mas não apoiam subsídios ao consumo de gasolina.

Economia informal
(A garagem apertada do mecânico)

A economia informal se dá quando empresas não emitem nota fiscal, não pagam impostos e não registram seus funcionários.

Perto da minha casa, há uma oficina mecânica que opera nos fundos da casa do dono. Alguém que entre na oficina de manhã pode inclusive se deparar com a visão da família do mecânico tomando café. Esse mecânico não emite nota fiscal, seus funcionários não são registrados. Ele é um exemplo de empresa do setor informal da economia.

Quais as vantagens e as desvantagens da informalidade? Por que alguém opta por isso, dado que há riscos legais sérios, como multas elevadas e até mesmo a possibilidade de se terminar preso?

A informalidade é uma fuga. As empresas que optam por ela fogem de impostos, de leis e de regulamentações que atravancam seu funcionamento. Impostos muito elevados e leis trabalhistas muito complicadas e rígidas constituem incentivos óbvios à informalidade. Afinal, se você "não existe" para o governo, não precisa pagar impostos! Para empresas que estão começando, pode ser a diferença entre a vida e a morte. Por isso, muitas empresas começam informais e, à medida que vão obtendo algum sucesso, optam por se formalizar.

Mas a informalidade não é apenas uma questão de fugir de impostos. A empresa informal tampouco precisa seguir algumas leis que aumentam muito os custos das empresas formais. Por exemplo, a lei trabalhista brasileira impõe dificuldades para se demitir funcionários, tornando esse processo muito custoso. E demitir às vezes é preciso: ou porque você contratou uma pessoa que não está fazendo direito o trabalho, ou porque a economia anda mal das pernas e você precisa cortar custos para seguir sobrevivendo. Mas, como é complicado demitir, as empresas não vão querer contratar, é claro. A não ser... a não ser que ela esteja no setor informal e, consequentemente, não precise seguir tais leis.

OK, impostos altos e legislação emaranhada explicam a informalidade. Mas quais são os custos disso?

Bom, primeiro tem o custo de você, ao montar uma empresa informal, se tornar um "fora da lei". E há outros, mais puramente econômicos. Primeiro, as empresas informais têm necessidade de se manter pequenas, justamente porque, permanecendo pequenas e escondidas, como o mecânico do bairro, é mais difícil o fiscal da Receita detectá-las. Porém, essa restrição de não poder crescer as impede de expandir seu mercado. Ontem mesmo o mecânico do bairro confessou que gostaria muito de comprar dois macacos mecânicos sofisticados, mas não o fez porque eles simplesmente não cabem na garagem de sua casa, lotada com os carros deixados para conserto.

E, para falar a verdade, mesmo que a garagem fosse grande, provavelmente ele teria muita dificuldade para adquirir os tais macacos, porque são equipamentos caros, e o mecânico precisaria levantar um financiamento bancário para comprá-los. Bancos estendem crédito para empresas após análise de viabilidade financeira e com exigência de garantias (colateral). Mas esse mecânico não tem empresa aberta, ele trabalha no mercado informal! Legalmente, portanto, ele não existe, não pode oferecer garantias, e sua empresa não pode ser acionada pelo banco em caso de calote. Pergunte-se: você emprestaria dinheiro para uma empresa-fantasma?

Pois é, esse é o segundo grande custo associado à informalidade: empresas-fantasmas têm maior dificuldade de acesso a crédito. Nesse caso, quando precisa muito de recursos financeiros, o empresário informal normalmente toma crédito pessoal para injetar na empresa. No entanto, como não pode oferecer garantia, as modalidades de empréstimo pessoal saem bem mais caras do que as de empréstimo para empresas que podem oferecer equipamentos como colateral.

Por fim, o trabalhador informal de uma empresa informal não existe para o governo e, portanto, não tem acesso às redes de proteção social: não tem seguro contra o desemprego, não tem seguro contra doenças incapacitantes, acidentes etc. Ou seja, ele corre muito mais riscos do que o trabalhador formalizado.

No Brasil, estima-se que o setor informal empregue cerca de 50% do total das pessoas que trabalham. É um número muito grande! Para reduzi-lo, precisamos de uma reforma trabalhista que torne menos custoso o ato de contratar.

Teoria do ciclo de vida
(O "sobe e desce" dá tontura)

A teoria do ciclo de vida diz que, se possível, as pessoas gostam de manter um padrão de consumo similar ao longo do tempo por serem avessas a oscilações.

Fora do parque de diversões, ninguém gosta de sobe e desce. Responda à seguinte pergunta: você prefere gastar R$ 500 todo ano em idas ao cinema ou deixar de ir um ano inteiro e aí, no outro ano, gastar R$ 1.000 em entradas, alternando sempre desse modo, entre um ano com bastante cinema e um ano sem nenhuma ida ao cinema? Provavelmente, a maioria prefere um padrão mais suave de idas ao cinema.

Se você saiu da faculdade faz pouco tempo, provavelmente ainda não tem como comprar um carro com seu salário. No entanto, é muito provável que um dia você consiga. Há duas possibilidades disponíveis no seu caso. Uma é pegar ônibus todo dia por uns dois anos, e ir juntando dinheiro para comprar o carro depois. Note que, agindo assim, seu consumo de carro hoje é zero (ou seja, muito baixo), mas será alto no futuro, após a compra. É um salto meio radical de padrão de consumo. Por que então não espraiar seu consumo de carro ao longo do tempo, consumindo o carro já hoje e diminuindo a discrepância entre o consumo hoje e o consumo amanhã?

A resposta é: justamente porque hoje você não tem dinheiro. Mas amanhã terá, e há, ao menos em tese, um meio de usar esse fato para suavizar seu padrão intertemporal de consumo a fim de trazer o consumo futuro direto para o presente: compre o carro hoje, por meio de um financiamento, e pague aos poucos, oras! Dessa maneira, você oscila menos seu padrão de consumo: o que você consome hoje e o que consumirá amanhã ficam mais similares.

Claro que não tem mágica nessa brincadeira. Para trazer o carro do futuro para o momento presente, você precisa pagar uma taxa extra: a taxa de juro da dívida do carro. Assim, ter um carro já, hoje, implica um gasto, e esse gasto significa que seu carro vai ter de ser um modelo mais barato do que o modelo que você compraria se não precisasse se endividar. Mas um carro um pouco mais simples, tanto hoje como amanhã, lhe parece melhor do que andar de ônibus lotado hoje.

A teoria do ciclo de vida sugere um padrão suave de consumo ao longo do tempo. Na prática, porém, o consumo das pessoas é crescente ao longo dos anos, e não tem nada de muito suave. Por quê? Porque a teoria enfrenta uma grande dificuldade prática: nem sempre se pode fazer como no exemplo da compra do carro; nem sempre os mercados de crédito vão possibilitar esse processo de suavização via crédito.

Um dia desses, um aluno meu foi ao banco ao lado da faculdade e abordar o gerente da agência com o seguinte discurso:

Aluno de economia: *"Oi, bom dia, eu ainda sou estudante universitário e, portanto, não tenho muitos recursos financeiros. Porém, daqui a alguns anos, terei um bom salário, dada minha formação* *sólida e minha simpatia. Eu estudo economia, sabe, e aprendi que o melhor é suavizar o consumo. Então, decidi vir aqui te pedir uns R$ 500 mil de empréstimo para esse fim. Com esse dinheiro, vou elevar meu padrão de consumo de hoje. Mas não se preocupe, pois, seguindo à risca a teoria, vou ajustar meu consumo lá na frente um pouco para baixo para te repagar a dívida e os juros. Desse modo, eu aproximo mais meus consumos futuro e presente e saio ganhando. E você também, pois receberá o juro quando eu repagar! Topa?"*

Gerente: *"Próximo na fila, por favor"*.

Por causa da dificuldade em se levantar crédito pessoal dando como garantia sua renda futura é que esse estudante teve de, nesse mesmo dia, ao sair do banco, ir comer no bandejão da universidade. Ele de fato faz isso todos os dias, ainda que eu esteja certo de que, depois de formado, ele irá frequentar sem maiores dificuldades os melhores restaurantes.

Aposentadoria
(O problema da cigarra idosa, e não da cigarra no inverno)

A aposentadoria se dá quando o funcionário solicita seu afastamento do trabalho por conta de tempo de serviço ou invalidez. Essa dispensa, conforme a lei, é remunerada, e este verbete discute um pouco de onde vem essa remuneração.

Quando a gente vai ficando velho, trabalhar no mesmo ritmo fica difícil. E quem contrata começa a dar menos peso para nossa experiência e mais para nossa perda de memória e nossa dificuldade de locomoção. A vida é assim, meio dura mesmo. E, para ela não ser muito dura, melhor é ter uma poupança formada nos anos de trabalho, para não precisarmos baixar nosso padrão de consumo na hora da aposentadoria (veja o verbete anterior, "Teoria do ciclo de vida").

Mas planejar tão à frente é complicado. Temos, quase todos, um componente de cigarra dentro de nós, de despreocupação com um futuro que parece muito longe, como na fábula de La Fontaine. Assim como fazer regime ou se exercitar frequentemente, é difícil poupar com disciplina. Devido a essa nossa inabilidade para poupar para nosso próprio futuro, faz sentido o governo intervir, implantando um sistema de aposentadoria obrigatório. Até porque, se decido não poupar, e lá na frente me acho encrencado, eu e outras cigarras semelhantes vamos pressionar o governo para ele nos ajudar e taxar as formigas. E o governo vai achar difícil negar ajuda a cigarras velhinhas e bonachonas, com seus violões desgastados. No linguajar do economista, as cigarras imprudentes causariam uma externalidade negativa para as formigas.

Então, o plano economicamente ideal é o governo forçar todos os cidadãos a poupar numa conta exclusiva, individual, que seja imexível, para que assim possamos nos proteger e proteger a sociedade de nossa própria imprudência. Esse plano tem um nome: regime de previdência de capitalização, um sistema de poupança forçada, de você hoje para você amanhã. É uma bela ideia.

Porém, esse regime não é o que temos em funcionamento aqui no Brasil (nem na maioria dos países, vale dizer). Nosso regime de previdência, chamado de *repartição*, não é uma poupança de você hoje para você amanhã. Ele não é nem sequer uma poupança, aliás, e sim uma transferência de renda de quem trabalha hoje para quem está aposentado hoje. Por exemplo, alguém que eu não conheço, via impostos incidentes sobre a folha de pagamentos, arca com a aposentadoria do meu pai, assim como meu pai quando era mais novo e trabalhava contribuiu para custear a aposentadoria de alguém desconhecido.

Esse esquema previdenciário de repartição funciona bem quando tem muita gente jovem trabalhando e poucos aposentados na sociedade, mas começa a dar problema quando a população envelhece. Vejamos a aritmética da coisa, pensando primeiro no caso de um país jovem e depois no de um país com população idosa maior.

País jovem: nesse país, para cada dez trabalhadores, há dois aposentados. Se cada trabalhador, cada um ganhando R$ 10.000, contribui com R$ 1.000 para a Previdência (ou seja, se o governo taxa em 10% o trabalho), os aposentados recebem cada um $10 \times$ R$ 1.000 $/ 2 =$ R$ 5.000 de renda mensal. Nada mal: imposto moderado e aposentadoria gordinha.

País velho: para cada dez trabalhadores, agora temos cinco aposentados. Se cada um dos trabalhadores, com o mesmo salário acima, continua pagando 10% de seu salário para o sistema de Previdência, este arrecada os mesmos R$ 10 mil de antes, mas agora precisa pagar pela aposentadoria de cinco pessoas. A renda mensal do aposentado será então de R$ 2 mil, ou seja, menos da metade do que receberia no "país jovem". O que você acha que vai acontecer? Isto: os aposentados vão pressionar muito para manter os R$ 5 mil que se recebia quando havia menos idosos na sociedade. E uma parte da sociedade vai dizer que essa é uma conquista social que não pode ser modificada. Pois bem, se essas vozes prevalecerem, e elas normalmente prevalecem, o sistema previdenciário vai precisar arrecadar $5 \times R\$ 5.000 = R\$ 25.000$ da sociedade. Para isso, o imposto vai precisar ser elevado para 25% do salário de cada um dos dez trabalhadores. É muito mais imposto, e isso, como vimos, tem consequências adversas (verbete "Impostos", p. 65).

Não adianta falar ingenuamente sobre defesa do direito dos idosos e fingir que essa conta não existe. Ela não desaparece só por ser desagradável. Nesse tipo de sistema, com a população envelhecendo, ou você corta a aposentadoria, ou você aumenta os impostos sobre os trabalhadores, não tem jeito.

Agora, veja que esse problema não acontece no outro sistema descrito, em que cada um poupa para si mesmo no futuro. Numa configuração com mais idosos na sociedade, não se torna necessário aumentar os impostos sobre os trabalhadores sob o sistema de capitalização pelo simples fato de que é a própria pessoa que paga por sua aposentadoria. Além disso, no sistema de capitalização, cada um tem grande incentivo para monitorar a evolução da sua própria conta de poupança, o que ajuda a evitar corrupção e desvio do dinheiro da Previdência para outras finalidades.

Você pode estar incomodado com o seguinte: mas e quem não tem emprego ou é muito pobre para poupar parte de sua renda para o futuro? Nesses casos, o governo poderia ajudar, depositando um complemento na conta de previdência individual. É por isso que muitos defendem a criação de um novo sistema de aposentadoria no Brasil.

Dilema dos prisioneiros

(O que há em comum na relação entre dois ladrões de galinha e entre duas superpotências?)

O dilema dos prisioneiros é o mais famoso exemplo da teoria dos jogos, que ilustra que nem sempre o que as pessoas fazem é o melhor para elas.

Dois bandidos são pegos após um suposto assalto a um galinheiro e colocados em celas diferentes. O investigador vai interrogá-los separadamente, e deixa claro como será a estrutura de punição. Se ambos confessarem o crime, a pena será aliviada: dois anos de cadeia para cada um. Se ambos negarem o furto, a evidência pró-condenação torna-se mais frágil e os dois pegam, então, apenas um ano, por dirigir acima da velocidade permitida e trafegar com galinhas no porta-malas. Agora, se um dos dois confessa o furto e o outro o nega, quem confessa é libertado como recompensa – delação premiada –, e o outro é condenado a quatro anos de prisão por tentar enganar a polícia.

PARTE 1 – ECONOMIA 91

A tabelinha abaixo resume numericamente essas informações, que são de conhecimento geral. O primeiro número dentro do quadrado é sempre a pena relativa ao ladrão 1, e o segundo número, a pena do ladrão 2.

		LADRÃO 2	
		CONFESSA FURTO	NÃO CONFESSA FURTO
LADRÃO 1	CONFESSA FURTO	2 ; 2	0 ; 4
	NÃO CONFESSA FURTO	4 ; 0	1 ; 1

Como os ladrões devem proceder no interrogatório?

A tabela deixa bem claro que o melhor para os dois, como dupla, é negarem o crime até a morte e passarem, ambos, apenas um ano atrás das grades por direção perigosa. Mas, isso não ocorrerá! O equilíbrio final desse jogo de confessa/não confessa ocorre quando ambos confessam e ficam presos por dois anos! Por quê?

Coloque-se na posição do ladrão 1 (o raciocínio é simétrico para o ladrão 2). Ele pensa assim: se o ladrão 2 confessar, a melhor coisa para ele será confessar também, para pegar dois anos ao invés de quatro. Mas, se ele achar que o ladrão 2 não confessará o roubo, a melhor coisa a fazer é de novo confessar, pois desse modo ele sai livre, não pega nem um ano! Claro, o mesmo cálculo é feito pelo ladrão 2, e assim, no final, ambos individualmente

92 ECONOMIA NA PALMA DA MÃO

confessam, quando seria no interesse da dupla não confessar. É um resultado impressionante: a racionalidade individual gera irracionalidade coletiva.

E se eles pudessem combinar a estratégia antes de o investigador chegar?

Não adiantaria nada. Se o ladrão 1 prometer de pé junto que não vai confessar, o 2 não deveria acreditar. Isso porque, se ele acreditar e não confessar, o melhor para o 1 é confessar e escapar sem nem um dia atrás das grades (e o ladrão 2 pega, então, quatro anos de prisão)! Mas o ladrão 2 sabe disso tanto quanto nós aqui; é um ladrão de galinhas esperto. Resultado: combinar previamente o que falar de nada adianta. Meras palavras não são críveis.

O que podemos fazer para ajudar esses ladrões a ficarem presos apenas um ano?

Nesse jogo, não podemos fazer nada. Mas pense numa situação mais concreta, em que o cara que trai o combinado de "não confessar" possa vir a sofrer certas consequências quando o outro sair da cadeia depois de penosos quatro anos. Nesse caso, porém, precisaríamos modificar a matriz de ganhos e perdas que desenhamos anteriormente para incorporar esse custo futuro e, com isso, alterar o equilíbrio atingido.

Bom, aí está a descrição do famoso dilema dos prisioneiros. Além de divertido, serve para explicar o fato de as nações terem exércitos numerosos e também explica por que as empresas fazem tanta propaganda. Não entendeu? Vamos lá.

Imagine duas grandes potências com dois grandes exércitos de um milhão de soldados cada um. Um equilíbrio econômico melhor para ambas seria, digamos, que cada uma reduzisse seu exército para um contingente de apenas 200 mil soldados. Por que isso seria bom? Porque então os 800 mil homens liberados poderiam se dedicar a outras tarefas, como desenvolver uma agricultura sustentável, dar aulas de educação física, ou qualquer outra coisa. E, com 200 mil soldados de cada lado, o equilíbrio de forças não se alteraria em nada.

Suponha agora que os presidentes dessas duas potências concordem com essa redução após um encontro tenso em um país neutro. O que você acha que vai ocorrer (trabalhe com a hipótese de que os presidentes leram este livro!) após o encontro? Do ponto de vista do país A, se B reduzir seu contingente, o melhor é não fazê-lo e, desse modo, tornar-se a potência hegemônica, certo? E, ainda do ponto de vista de A, se B não reduzir seu contingente como acordado, reduzi-lo unilateralmente seria colocar-se numa situação de inferioridade militar, com todos os riscos que isso implicaria. Então, A não reduz seu contingente coisa nenhuma. Nem B, claro. Resultado: os dois países ficam presos num equilíbrio em que há soldados demais.

De novo, veja que o melhor seria que ambos pudessem reduzir seus exércitos para apenas 200 mil soldados. Nesse caso, nenhum sobrepujaria o outro militarmente e, além disso, 1,6 milhão de homens seriam liberados para se dedicar a outras atividades na economia. Segundo o dilema dos prisioneiros, porém, isso infelizmente é impossível.

Vejamos agora o exemplo mais pacífico da propaganda. Sim, a propaganda tem a função útil de informar os consumidores sobre as características de um novo produto.

94 ECONOMIA NA PALMA DA MÃO

Mas, por um instante, vamos deixar essa parte de lado e focar no efeito que a propaganda exerce sobre a psique dos potenciais clientes, sugerindo que o produto da empresa A é mais atrativo que o da B, mesmo que ambos sejam extremamente similares.

A empresa A gasta hoje em dia R$ 1 milhão por ano com propaganda. B, também. Para ambas, o melhor seria gastar apenas 200 mil, gerando uma economia de 800 mil que poderiam ser empregados em outros fins. Mas, se B não reduzir seus gastos e A o fizer, A perde boa parcela do mercado. E se B, de fato, reduzir os gastos com propaganda e A trair o combinado, A se sairá muito bem, pois capturará boa parte dos clientes.

Os presidentes das duas empresas encontram-se então no saguão de um hotel neutro e acertam a redução de gastos com propaganda. O que você acha que vai ocorrer depois? Acho que você já sabe a resposta.

Firmas
(Por que acabei comprando um de meus fornecedores)

A teoria econômica denomina as unidades de produção da economia de firmas. Uma firma é uma "caixa-preta" onde entram insumos (capital e trabalho) e saem produtos, através de alguma função de produção abstrata.

Em certo sentido, a ideia de organizar a atividade econômica dentro de firmas é quase antagônica à lógica do funcionamento da economia baseada em mercados. Comentário inesperado, não? Pois é... Essencialmente, nos mercados, as trocas se dão livremente com base no sistema de preços, mas dentro de uma firma não há "mercados livres". O cara do almoxarifado não vende uma caneta ao gerente após um processo de barganha; e o departamento que monta as embalagens numa grande empresa do setor de alimentos não as vende ao departamento que efetivamente produz a comida. Ou seja, não há preços mediando as trocas dentro da firma, como no caso dos mercados! As firmas são organizações centralizadas, de natureza hierárquica, enquanto os mercados funcionam de modo descentralizado.

Uma economia que funciona a contento faz uso de ambos: firmas hierárquicas e mercados livres.

Qual a vantagem de organizar a atividade econômica dentro de uma firma? Resposta: economias de custos de transação. Pense no seguinte: se o almoxarifado fosse fora da firma, por exemplo, o tal gerente que precisa de uma caneta teria de passar por um desnecessário processo para adquiri-la quando notasse que a sua sumiu da sua mesa. Não seria algo trivial: ele precisaria ligar para um fornecedor de canetas, discutir preços e aguardar algum tempo até a caneta chegar. Com o almoxarifado dentro da empresa tudo é mais fácil. Ele liga e manda alguém levar uma caneta para ele.

Mas, veja bem, não estou falando para uma firma de alimentos produzir suas próprias canetas para uso interno! É melhor que essa transação seja feita via mercados: o almoxarifado da empresa compra canetas de um produtor especializado nisso. É óbvio que produzir a caneta internamente seria muito ineficiente. O ponto é que a transação "fazer a caneta chegar ao gerente" é mais fluidamente concretizada dentro da firma, sem discussão de preços, por ordem do gerente.

O que uma firma essencialmente faz é juntar capital e trabalho debaixo do mesmo guarda-chuva. Esse tipo de relação contratual é mais eficiente do que aquela em que todas as interações acontecem via mercados, ou seja, são mediadas por preços e barganhas e contratos. Quer ver?

Imagine uma situação na qual as pessoas alugam, via mercado, algumas máquinas dos capitalistas para com elas produzir determinados produtos. Nesse caso, não existem trabalhadores contratados por firmas, e tampouco as máquinas são operadas sob o olhar zeloso de seus donos. Entre os dois, ou seja, entre trabalhador e capitalista, há apenas um contrato de aluguel estipulando todas as condições de uso da máquina. Qual o problema com esse arranjo?

Desenhar contratos de aluguel é algo custoso, toma tempo, torna necessário um advogado, cartório etc. Pior, estipular todas as possíveis contingências (situações) futuras ligadas ao uso da máquina num contrato é algo virtualmente impossível. Para deixar mais clara a complexidade da questão, vamos transcrever aqui um monólogo que ouvimos certa vez (num sonho, talvez) de uma pessoa que havia alugado uma máquina para trabalhar:

PARTE 1 – ECONOMIA **97**

Subiu a demanda pelo meu produto este mês; quero usar a máquina do fulano capitalista em um terceiro turno, de madrugada. Ainda que isso gere mais desgaste, vale a pena, porque o preço está bombando! Epa, mas de acordo com o contrato isso não é permitido. E dá multa. Preciso ligar para o capitalista e discutir como a gente faz; precisarei propor a ele que redesenhemos o contrato. Ele vai, claro, pedir um valor mais alto pelo aluguel, dado o maior desgaste que vou impor à máquina dele. Vixi, vamos ter de barganhar. Vai ser um inferno de perda de tempo. O bom seria se a máquina fosse minha, pois aí eu poderia decidir rapidamente, agilmente, como usá-la da melhor forma. Será que devo virar eu mesmo um capitalista, abrir uma firma?

Bom, mesmo que esse monólogo tenha sido inventado, ele ajuda a esclarecer que organizar a produção num esquema sem firmas gera ineficiências importantes em termos de custos de transação. Resumidamente, a vantagem da firma é a seguinte: sua estrutura organizacional torna mais ágil o uso da máquina; o gerente contratado do capitalista pode rapidamente autorizar um turno adicional, se isso for do interesse da empresa. Veja: a máquina está ali e não há necessidade de nenhuma barganha antes de se aumentar a intensidade do seu uso. Baixos custos de transação, sem barganhas, sem nenhum redesenho de contratos.

Essa coisa da barganha explica também por que em alguns casos as firmas acabam adquirindo o controle acionário de um fornecedor importante, "internalizando-o". E, quando o fornecedor importante é adquirido pela empresa, transações que eram de mercado (entre duas firmas) viram internas à firma: preços e barganha são substituídos por comando e controle.

Imagine que você, empresário, esteja em apuros: entrou um pedido grande de um cliente importante que precisa ser atendido num prazo curto. Aí você liga para o seu fornecedor e diz: "Olha, preciso do dobro daquele componente este mês". E ele responde assim: "Veja, precisamos conversar...".

Você, obviamente, entende a senha: ele, percebendo que você está numa situação apertada, vai querer tirar uma lasquinha. Vem uma barganha pela frente, e você está espremido pelo tempo. Ah, e correr para outro fornecedor não adianta, pois esse fornecedor é justamente aquele que se especializou na produção de um componente específico para você, altamente customizado. Isso significa que, em certo sentido, ainda mais com a premência do prazo, você só pode recorrer a ele. Não está parecendo que você se sairá bem nessa barganha, desculpe informar. Mas... e se ele não fosse um fornecedor, e sim parte da sua própria empresa? Aí não tinha barganha, e não tinha atrasos!

De novo, vamos insistir no ponto de que a existência de custos de transação não significa que o mercado não seja um bom meio de intermediar atividades econômicas. Significa apenas que, de maneira ideal, ele não deve intermediar *todas* as transações econômicas: é mais prático e mais eficiente que algumas dessas transações se deem dentro da própria firma.

PIB

(A produção cinematográfica também entra na conta)

A sigla PIB, que quer dizer Produto Interno Bruto, refere-se a tudo aquilo que é produzido dentro das fronteiras de determinado país. Isso inclui a produção de bens industriais, como geladeiras e carros, o plantio e a comercialização de alimentos, a extração de minérios e também a produção de serviços, por exemplo, serviços de educação, de saúde, de entretenimento etc.

Quando a maioria das pessoas pensa no PIB de um país, elas instintivamente o associam à produção de bens palpáveis. A confusão aqui é entre PIB e *produção da indústria*, que é de fato algo mais fácil de ser visualizado. No entanto, os bens físicos produzidos pela indústria constituem uma parte não muito grande do PIB, e essa parcela se reduz à medida que o país se desenvolve. Nos países ricos, para você ter uma ideia, a produção industrial raramente ultrapassa 15% do PIB. O grosso está nos serviços.

Sabe aquele filme que você foi ver no fim de semana? Então, ele entra no PIB! E por que não entraria? Para você poder assistir ao filme, uma porção de pessoas, equipamentos e espaços físicos foi mobilizada para gerar o serviço final que é o filme. Você não consegue segurar o filme como consegue segurar uma roupa ou um telefone celular na mão, mas nem por isso ele deixa de ser um produto importante na sua vida. E o mesmo vale para a consulta médica, o cursinho de inglês, a Internet.

Muitos acham que o PIB de serviços é, de alguma forma, menos importante que o PIB da indústria ou da agricultura. Os economistas normalmente não concordam com essa visão, até porque as nações mais avançadas, como os Estados Unidos e os países da Europa, têm uma parcela enorme da sua atividade econômica voltada para serviços, enquanto a indústria e a agricultura ocupam maiores parcelas justamente do PIB de países mais pobres!

Os Estados Unidos, por exemplo, produzem e exportam filmes para o mundo todo. Ou seja, no PIB deles, a conta "cinema" é expressiva, e o setor emprega muita gente. Por que isso seria ruim? Já a China é um país ainda pobre, razoavelmente mais pobre do que o Brasil no sentido de que a população como um todo tem menos poder aquisitivo, pior assistência social etc. Lá, a indústria representa 50% do PIB! Você preferiria morar na China industrial ou nos Estados Unidos do cinema?

No Brasil, ao longo dos anos, a indústria vem diminuindo como percentual de tudo aquilo que produzimos, e isso tem incomodado algumas pessoas. Porém, note que a redução percentual não significa que estamos produzindo menos bens industriais no total, e muito menos que estamos consumindo menos bens industriais (dado que podemos importar uma parte deles). Significa apenas que, comparativamente, estamos aumentando mais a disponibilidade de serviços que a sociedade demanda e usa. Isso, claro, significa que o percentual da indústria torna-se menor. Mas lembre-se: esse mesmo processo ocorreu em todos os países que trilharam o caminho do desenvolvimento econômico-social.

Renda
(A lei de Lavoisier também vale para a economia)

A renda de um país é o seu PIB.

Escrever a definição acima foi muito fácil! De certo modo, isso é meio óbvio, já que a renda dos habitantes de um país só poderia mesmo provir de tudo que esse país produz. De onde, se não daí? Quem não produz nada não tem renda, não é mesmo?

O processo que "transforma" o PIB em renda das pessoas é assim: tudo que é produzido numa economia é feito com base no trabalho das pessoas e no uso de máquinas e espaços físicos (incluindo a terra cultivada) que pertencem às pessoas. Esses são chamados de *fatores de produção* pelos economistas. Pois bem, os bens e os serviços produzidos e vendidos no mercado geram uma grana, e essa grana é usada para pagar os trabalhadores e os donos das máquinas e da terra que as cederam para esse uso, que puseram dinheiro no negócio assumindo o risco de a coisa não dar certo. Para facilitar, a gente normalmente chama os donos de máquinas e de espaços físicos de "capitalistas". Nada contra eles, pois sem eles não existe produção!

OK, então, se todo o dinheiro gerado com a comercialização do PIB é usado seja para remunerar as pessoas por seu trabalho, seja para pagar os capitalistas, a renda total das pessoas na economia é necessariamente igual ao PIB total. Nesse sentido, o sistema econômico é como aquela lei da Química, a lei de Lavoisier, que diz que na natureza nada se cria, nada se perde, mas tudo se transforma.

Renda *per capita*
(Por que o Bruno não tem do que reclamar!)

Renda *per capita* é a renda total de um país dividida pelo número de habitantes dele.

Imagine um país com 100 milhões de habitantes e um PIB total, ou seja, uma produção total de bens e serviços em um dado ano, no montante de 100 bilhões de dólares. Como PIB = renda, nesse país a renda (ou PIB) *per capita* (por habitante) é de mil dólares por ano (ou seja, 100 bilhões de dólares divididos por 100 milhões de pessoas). Agora, pense num outro país com os mesmos 100 bilhões de dólares de PIB anual, mas com apenas 10 milhões de habitantes. Veja que esse segundo país tem a mesma riqueza total do primeiro. Porém, ainda que o tamanho do "bolo" seja o mesmo, cada habitante se apropria de uma fatia maior – nesse caso, equivalente a 10 mil dólares (100 bilhões divididos por 10 milhões). Ora, esses países são claramente muito diferentes, pois os habitantes do segundo são dez vezes mais ricos que os do primeiro!

Vejam também o ilustrativo exemplo dos professores que vos escrevem! O professor Bruno ganha aproximadamente

PARTE 1 – ECONOMIA **103**

R$ 8.000 por mês na USP, enquanto eu ganho 50% a mais, cerca de R$ 12.000 (porque estou na USP há mais tempo). Eu estou financeiramente melhor? Não é possível saber apenas com base nessa informação. Ocorre que tenho três filhos e o professor Bruno, apenas uma bela menininha; então, a renda *per capita* na minha família é de R$ 12.000 dividido por cinco pessoas = R$ 2.400 por pessoa, enquanto a renda *per capita* no domicílio do Bruno é de R$ 8.000 dividido por três pessoas = R$ 2.666 por pessoa. Assim, ainda que eu ganhe mais no total, minha situação financeira é pior!

Algumas pessoas costumam dizer que comparar dois ou mais países apenas com base na renda *per capita* não é correto, pois um país pode ser mais rico do que outro e, ao mesmo tempo, ter pior qualidade de serviços públicos como saúde, educação e segurança; a expectativa de vida no mais rico entre eles pode até mesmo ser menor; e o mais rico pode também danificar mais seu meio ambiente do que o menos rico.

Então, faz sentido ou não considerar o PIB *per capita* na hora de comparar o bem-estar entre países? Claro que faz! Não que os pontos levantados no parágrafo anterior estejam errados, mas acontece que, na prática, eles perdem relevância, porque todas essas outras coisas que não são captadas diretamente na medida do PIB *per capita* apresentam forte associação com ele.

Em geral, são justamente os países mais ricos (com maior PIB *per capita*) que têm melhor sistema de saúde, melhor qualidade de educação, que cuidam melhor de seus idosos, que têm menores taxas de criminalidade, que poluem menos o ar etc., até porque esses países têm mais recursos para investir nessas coisas todas. Claro que sempre é possível achar exceções a essa regra, como um bom sistema de saúde em Cuba, por exemplo. Mas essas exceções não invalidam o fato de que o PIB *per capita* é um bom indicador do desenvolvimento econômico-social de um país.

Poupança e consumo
(O hoje e o amanhã)

Do total que você ganha no mês, normalmente uma grande parcela vira consumo no próprio mês. Automaticamente, a diferença entre o que você ganhou e o que você consumiu fazendo compras no supermercado, pagando as contas do médico e do celular ou pagando impostos vira sua poupança. Então, consumo e poupança são como dois lados de uma mesma moeda.

A lógica apresentada acima, que vale para as pessoas, também pode ser aplicada para o governo e para as empresas e, consequentemente, para a economia como um todo. Vamos lá: pegue o PIB, tire o que a sociedade usou dele para consumir e pagar impostos, e chega-se então à poupança privada. Aí você pega o que o governo recebeu de impostos e tira o que ele usou para sua manutenção – o consumo do governo –, e o que sobra é a poupança pública. Somadas, essas duas poupanças compõem a poupança do país, que os economistas chamam de poupança interna.

PARTE 1 – ECONOMIA   105

OK, chega de definições e vamos ao mais importante: o que de fato é a poupança? Para que ela serve?

Aqui vai: a poupança é o consumo no futuro!

Você não guarda dinheiro para ele ficar apodrecendo no banco. Então, ao contrário do que muita gente diz, a poupança não é uma coisa "para não ser usada nunca". Você guarda dinheiro hoje justamente para fazer uso dele mais à frente, seja para si mesmo, seja para ajudar os filhos ou outras pessoas. O consumo desses recursos no futuro pode se dar de várias formas, claro. Pode ser para o caso de uma emergência, como uma operação médica inesperada ou um período de desemprego; ou não, como no caso em que você guarda dinheiro para comprar uma TV nova daqui a alguns meses ou para pagar a faculdade da filha adolescente daqui a alguns anos.

Uma historinha inspiradora: uma conhecida nossa tinha um emprego meio chato, que não lhe agradava. Pois ela poupou bastante por uns anos e com isso comprou uma perua novinha, na qual hoje ela leva e pega crianças em uma escola. Nesse novo emprego, a renda dela é maior do que antes, o que possibilita um padrão de consumo mais elevado.

Mesmo quando você usa o dinheiro poupado no mês para quitar uma dívida, por exemplo, essa poupança pode ser entendida como consumo no futuro. Afinal, ao pagar mais da dívida hoje, você automaticamente reduz o valor do que precisa pagar amanhã. E, precisando gastar menos com a dívida amanhã, sobrará mais para consumir!

É preciso deixar claro o seguinte: poupança é o consumo amanhã, e esse é o lado positivo da história. Mas note que ela também significa menos consumo hoje. Trata-se, portanto, de uma troca: o ganho de consumir mais no futuro vem ao custo de se consumir menos hoje.

Investimento produtivo
(Como meu vizinho abriu um restaurante usando o seu dinheiro, caro leitor)

Investimento produtivo é para onde vai a poupança.

A poupança, como muitos sabem, não fica parada num cofre de banco. O banco empresta esse dinheiro para alguém que, por exemplo, deseja abrir um restaurante, mas não tem grana suficiente para isso. Esse movimento da poupança, que vai de quem não tem uso produtivo para o dinheiro no momento para alguém que o tem, é muito importante para o funcionamento da economia. Se não fosse assim, só quem tem poupança própria poderia montar fábricas, abrir restaurantes, escolas, bares etc., ou seja, só uma fração pequena das pessoas poderia investir. A economia cresceria menos, nesse caso.

Fato: todo investimento feito no país provém de alguma poupança. Alguém que abre um restaurante, por exemplo, pode fazê-lo com sua própria poupança ou usando emprestada a poupança de outras pessoas – pessoas que não estão, elas mesmas, a fim de abrir o tal restaurante. Mas os

PARTE 1 – ECONOMIA   107

recursos para o investimento precisam vir de algum lugar, e por isso, no fim das contas, *investimento produtivo total = poupança total*.

Quando a gente considera o país como um todo, caso a poupança interna seja insuficiente para bancar os projetos de investimento que vão surgindo, é possível ainda usar um pouco de poupança *externa*, ou seja, a poupança acumulada por gente que vive em outros países. A situação aqui é normalmente a seguinte: um país jovem e ainda pouco desenvolvido, mas com boas oportunidades para investir justamente por ser jovem, é normalmente fonte de atração para a poupança de países mais velhos e desenvolvidos, onde os investimentos são menos atrativos justamente porque o país já atingiu uma maturidade na qual não há tantas frutas fáceis de serem colhidas.

Esse mecanismo, no entanto, tem certos limites práticos importantes, pois as pessoas de outros países normalmente não se sentem muito atraídas a levar sua poupança para o exterior, ainda mais a países não muito desenvolvidos onde volta e meia acontece um calote. Assim, na prática, essa opção de a poupança externa ser usada para financiar investimentos tem limites e precisa ser usada com moderação. E quando – conforme ocorre de tempos em tempos – as pessoas perdem a recomendada moderação, ou seja, quando tanto os nacionais se animam excessivamente em usar bastante poupança externa como os estrangeiros se animam também excessivamente em poupar fora do seu país (claro, as duas coisas precisam valer simultaneamente), em geral essa situação acaba numa crise.

Exportações e importações
(Para que servem os dólares?)

> O que nosso país produz em termos de bens e serviços e vira consumo de pessoas em outros países são nossas exportações, e o que consumimos vindo de outros lugares são nossas importações.

A definição acima foi bem fácil! Porém, muita gente não sabe que o turismo em nossas praias, no Cristo Redentor ou no Pantanal também conta como uma exportação brasileira, já que através dele entram dólares no país. Gosto de brincar dizendo que a Austrália "exporta" cangurus, a França "exporta" museus e o Brasil, praias![1]

Muitas pessoas insistem na importância das exportações e vibram quando essas superam as importações. Para elas, são as exportações que nos trazem os dólares. Porém, diante desse argumento, outros rebatem: mas você veste dólares? Come dólares, por acaso? Claro que não, então esses dólares são algo bom só porque com eles você pode adquirir coisas fabricadas pelos estrangeiros: artigos de consumo e máquinas eficientes que ajudam a produção nacional. Mas, se o governo proibisse toda e qualquer importação – e mesmo gastos no exterior –, para que serviriam esses dólares? É algo para se pensar, não é?

Aliás, está aí algo curioso: os governos às vezes impõem tarifas de importação elevadas para proteger alguns seto-

---

[1] Na contabilidade oficial, "turismo" entra numa linha separada das exportações de outros produtos. Mas esses detalhes de contabilidade não são importantes neste livro.

res da indústria, mas não percebem que proteger o fabricante de um insumo X significa dificultar a vida de outro fabricante que usa o tal insumo X em sua produção. Afinal, com essa proteção, o insumo X ficará mais caro...

Como diz o prêmio Nobel Paul Krugman, as exportações são boas apenas porque elas nos permitem importar! É por isso que, segundo muitos economistas, o melhor para a economia é exportar e importar bastante, não só um dos dois. Os dados mostram justamente isso: países que fazem mais comércio com o exterior são mais produtivos e têm renda média mais elevada.

PIB potencial e ciclos econômicos
(A economia aquece, esfria, aquece, esfria)

PIB potencial é a quantidade de coisas que um país é capaz de produzir quando não há ociosidade de fatores de produção (ou seja, matéria-prima, capital, terra etc.). Ciclo econômico é a oscilação em torno desse potencial.

Se as pessoas querendo trabalhar estão empregadas e se máquinas, galpões e campos agrícolas não estão ociosos, dizemos que o país está produzindo no seu patamar "potencial". Com o PIB cravado no potencial, o desemprego observado se deve apenas ao fluxo de pessoas saindo de algumas vagas para logo se empregar em outras. Vai ter pouca gente que quer achar uma vaga e não consegue.

Melhoras tecnológicas, novos métodos de organizar a produção e até mesmo uma melhor alocação dos fatores de produção existentes entre os diversos setores da economia geram aumentos do PIB potencial de um país.

Mas a pergunta aqui é: a economia opera sempre no seu potencial? A maioria dos economistas acredita que não; às vezes, ela se desvia bastante. Isso gera duas situações. Quando a economia opera acima de seu potencial, dizemos que o ciclo econômico é de *expansão*, ou seja, a economia está aquecida. Já no caso contrário, quando a economia produz menos do que seu potencial, temos a *recessão*: a economia está desaquecida e, normalmente, a inflação está baixa.

Ao se observar a economia, como é que se pode identificar o tipo de ciclo? Em uma economia aquecida, você normalmente observará as pessoas trabalhando em diversos turnos, baixíssimas taxas de desemprego, as máquinas sendo usadas a ponto inclusive de forte desgaste, campos pouco férteis sendo plantados etc. Isso tudo significa custos e salários e, portanto, preços subindo mais do que normalmente. No caso contrário, com a atividade econômica abaixo do seu potencial, você verá o desemprego se elevar porque as empresas despedem funcionários e esses não acham vagas em outros lugares, porque esses outros lugares também estão despedindo; máquinas paradas nas fábricas; projetos arquivados; menos caminhões transportando coisas nas ruas (pelo menos melhora o trânsito); inflação mais baixa etc.

O que gera essas oscilações em torno do potencial? As políticas monetária e fiscal do governo (que serão explicadas em outros verbetes a seguir) são uma possibilidade, mas não apenas elas. Veja este exemplo de ciclo recessivo originado por uma *perda de confiança* no futuro. Seja por causa de uma crise internacional, de uma guerra ou de uma catástrofe natural, uma queda da confiança gera queda do consumo (as pessoas poupam mais para um futuro incerto) e postergação de planos de investimento pelas empresas (se o futuro é incerto, é arriscado investir).

O curioso é que, de uma hora para outra, o PIB se reduz, mesmo o país tendo exatamente a mesma quantidade de máquinas, as mesmas pessoas com suas respectivas qualificações e habilidades produtivas, as mesmas características de clima e de solo, a mesma base tecnológica etc. – ou seja, mesmo sem ter havido nenhuma modificação em seu PIB potencial.

Esse tipo de recessão, causado por uma demanda atipicamente fraca, é um grande desperdício, como notou o economista inglês John Maynard Keynes nos depressivos anos 1930 (daí o apelido de recessão keynesiana). Muita gente perde emprego, empresas desaparecem etc. Tudo isso "desnecessariamente", já que o potencial da economia não mudou; o que houve foi apenas uma súbita, mas letal, perda de confiança. E pior: com o desemprego se prolongando no tempo, uma recessão da demanda acaba afetando a motivação e as habilidades de parte da força de trabalho. Assim, o que começa como mera fraqueza da demanda pode, no fim, afetar o potencial da economia devido à deterioração das capacidades dos trabalhadores. Quanto desperdício!

Rigidez de salários e de preços
(Por que as recessões são agudas)

Preços e salários são relativamente rígidos. Não é fácil aumentá-los nem diminuí-los de maneira rápida e flexível, seja por leis, seja por outros custos envolvidos, e essa rigidez tem efeitos na economia.

No verbete anterior, falamos sobre como a queda de confiança gera recessão, mas há outro fator muito significativo que intensifica a queda inicial da demanda e prolonga o processo recessivo: é a rigidez de preços e de salários na economia.

Vamos explicar. Em momentos de desaceleração da economia, salários mais baixos funcionariam como uma importante válvula de escape. Se eles se ajustassem para baixo nesses momentos, a lucratividade das empresas não cairia tanto após uma queda das vendas, pois seus custos também seriam reduzidos. Consequentemente, elas não precisariam demitir muitos funcionários.

Mas aí está o X da questão, quer dizer, da recessão: os salários são rígidos "para baixo", ou seja, quando as coisas vão mal, eles deveriam cair, mas não caem. Os motivos são vários, desde leis proibindo redução salarial em quaisquer circunstâncias, até o temor das próprias empresas de afetarem muito os incentivos e o moral de seus funcionários ao reduzir seus salários em tempos de vacas magras.

Seja pelo motivo que for, o que importa é que os salários rígidos agravam o quadro recessivo porque forçam as em-

PARTE 1 – ECONOMIA   113

presas a demitir mais do que o fariam se, na hora do aperto, "pudessem" reduzir os salários de seus funcionários.

Os dados econômicos também sugerem que os preços de vários produtos individuais são reajustados para cima e para baixo apenas de vez em quando, em torno de duas vezes ao ano, mais ao menos[2]. Portanto, quando ocorre a tal queda da demanda, não é rapidamente que as empresas reduzem seus preços. Isso é um problema, porque uma redução mais rápida ajudaria a reestimular o consumo e, portanto, a reduzir os estoques de bens não vendidos. O que acontece com mais frequência é que as fábricas reajustam pesadamente a produção, em vez de mexer nos preços, derrubando-a. Isso, obviamente, agrava o quadro recessivo.

Por que as empresas não reajustam logo seus preços? Ninguém sabe direito. Alguns economistas dizem que há um custo embutido no processo de reajustar os preços; outros dizem que, se as empresas ficam oscilando seus preços ao sabor do ciclo econômico, os clientes de longo prazo ficam chateados e param de comprar. Preferimos a segunda explicação, mas, de todo modo, o mais importante é o seguinte fato: com preços rígidos (e os dados mostram que eles são), as recessões se agravam.

Acontece, porém, que nem sempre quedas da atividade econômica são causadas por fraqueza na demanda. Precisamos de um verbete para isso...

---

[2] Não, isso não é incompatível com a existência de inflação, porque, a cada momento, sempre haverá produtores reajustando preços.

114 ECONOMIA NA PALMA DA MÃO

Teoria neoclássica dos ciclos econômicos
(As oscilações do PIB provêm de oscilações do PIB potencial, e não da demanda)

Segundo a teoria neoclássica dos ciclos econômicos, estes não têm apenas a ver com rigidez de salários e preços, nem com insuficiências da demanda. Segundo a versão radical dessa teoria, o PIB é sempre igual ao potencial, caindo apenas quando o potencial se reduz.

Nas minhas aulas, eu explico a teoria neoclássica dos ciclos econômicos usando o seguinte exemplo: se amanhã todos acordarmos com nosso nível de "preguiça estrutural" mais elevado, todos vamos querer trabalhar um pouco menos. Por conta dessa alteração em nossas preferências, o total de horas trabalhadas se reduzirá e, portanto, o PIB brasileiro cairá. E tudo bem que ele caia! Esse é o ponto: o correto, nesse caso, é que haja uma recessão mesmo. Embora este seja um exemplo meio estapafúrdio, o governo não deve interferir para reanimar a economia, pois forçar as pessoas a trabalhar mais só iria deixá-las menos felizes. Elas querem ficar mais tempo dormindo! Obviamente, no caso inverso, em que todo mundo acorda com menos preguiça estrutural, o PIB do dia se elevará acima de seu patamar normal.

E se o governo der um subsídio salarial para quem trabalhar no mesmo ritmo de antes? Desse modo, ele vai conseguir aumentar um pouco as horas trabalhadas, mas, como esse subsídio distorce as escolhas individuais que ocorreriam sem a intervenção dele – e como esses subsídios precisam ser financiados com impostos vindos de algum lugar –, o governo, ao fazer isso, apenas piora as coisas.

Essa mudança de preferências pró-preguiça é didática, mas não é a causa mais relevante dos ciclos econômicos, é claro. De fato, quando esses modelos não keynesianos das oscilações ganharam força nos anos 1980, os choques reais que preocupavam os economistas eram oscilações de curto prazo na *produtividade da economia* (e não nas horas de sono). Essas oscilações podem ter origem, por exemplo, no descobrimento de novas técnicas e no abandono de outras, em mudanças de alocação de pessoas e maquinário entre empresas e setores com diferentes graus de eficiência, na descoberta de um novo uso de uma tecnologia antiga etc.

O fato empírico importante é que, ao que parece, esse tipo de "choque de produtividade" é mais relevante do que se pensava antigamente: ele ajuda a explicar cerca de dois terços das oscilações de curto prazo da atividade econômica.

Períodos de menor eficiência econômica são períodos de PIB potencial menor, porque o PIB potencial anda junto com a eficiência. Veja a diferença em relação à recessão keynesiana do verbete anterior. Lá, acontecia de o PIB ficar abaixo do potencial, mas aqui não tem nada disso. Para os economistas neoclássicos mais puristas, que não gostam da historinha de salários rígidos e preços rígidos, o PIB é sempre igual ao seu potencial. Nesse caso, se acontece uma recessão, é porque o potencial simplesmente caiu. E, se o potencial caiu, não há muito o que fazer (do mesmo modo que não há muito o que fazer se as pessoas não querem mais trabalhar tanto)!

No Brasil, em 2001, passamos pelo tal do "apagão", como alguns de vocês devem se recordar. Ficamos carentes de energia por conta de pouca chuva e, com isso, as empresas e as pessoas precisaram se adaptar a essa nova realidade por um tempo, usando bem menos energia. Devido a isso, naquele ano a economia produziu menos do que normalmente produziria, mas essa desaceleração econômica não resultou de uma demanda insuficiente e não se deveu a salários e preços que não se ajustaram como deveriam. As mesmas máquinas e pessoas estavam lá, e não houve uma súbita queda do consumo por causa de um pessimismo generalizado. Simplesmente, de uma hora para outra, não havia mais tanta energia disponível como antes. E, com menor disponibilidade de energia, as mesmas pessoas e as mesmas máquinas passaram a produzir menos. É como se, de repente, tivessem ficado *menos eficientes*.

Quando a oferta de energia se restabeleceu, a economia voltou a crescer, não porque foi superado um problema de demanda, mas porque o PIB potencial voltou ao que era antes.

Nesse exemplo do apagão, os recursos produtivos estavam sendo empregados no seu máximo possível, sem desperdícios. O problema foi que, com pouca energia, esse máximo uso de máquinas e pessoas era menor.

PARTE 1 – ECONOMIA **117**

Taxa de desemprego
(O jeito como é calculada é meio confuso...)

Taxa de desemprego é a razão entre as pessoas em busca de vagas e o total de pessoas em idade economicamente ativa.

Se você sai de férias e fica sem trabalhar, você não está desempregado. OK, isso você já sabia. Mas você sabia também que as pessoas que desistem de procurar emprego, normalmente após frustrantes meses de busca, não são consideradas estatisticamente desempregadas? Para receber esse rótulo de desempregado e entrar na estatística oficial, é preciso estar na luta por uma vaga. O que ocorre com aqueles que desistem de procurar emprego? Eles saem da estatística do desemprego e passam a ser chamados de "desalentados". Ou seja, não ser um desempregado nas estatísticas oficiais nem sempre é sinal de que está tudo bem.

Por conta do "efeito desalento", ocorre que algumas vezes a taxa de desemprego cai mesmo que nenhuma nova vaga tenha sido criada! Isso se dá justamente quando as pessoas deixam de procurar emprego, reduzindo a oferta de mão de obra. Nesse caso, a queda da taxa de desemprego não é sinal de saúde econômica.

Estar desempregado é bem diferente de estar de férias, claro. O desemprego, principalmente quando prolongado, deixa as pessoas deprimidas e, na maioria dos casos, desprovidas de renda. Além disso, ele vai minando as habilidades do trabalhador, tornando cada vez mais difícil sua volta ao mercado de trabalho. É preciso então entender suas causas e saber diferenciar o desemprego ruim do desemprego natural, ou passageiro.

Tipos de desemprego
(O Bruno não deveria precisar dar aulas de História)

O desemprego pode ser de dois tipos: conjuntural (ou keynesiano) e estrutural.

O desemprego pode ser causado por uma fraqueza generalizada da economia, que chamamos de recessão (ver o verbete "PIB potencial e ciclos econômicos", p. 110). Esse é o *desemprego conjuntural*, ou keynesiano. Já o *desemprego estrutural* é aquele que independe do estado corrente da economia. Dito de outro modo, ele acontece mesmo com a economia rodando no seu potencial. Como pode isso? Há desemprego mesmo com a economia funcionando bem? Há, sim. Vejamos as razões, pois há tanto as boas como as ruins.

A primeira e mais óbvia é que a todo instante há empresas sendo abertas e outras sendo fechadas. E, mesmo sem esse aparecimento e desaparecimento de empresas, haverá constantemente um fluxo de gente mudando de trabalho, saindo de uma vaga que não lhe agradou e partindo em busca de outra. Nada disso é ruim para a economia, muito pelo contrário: demonstra dinamismo econômico. No caso de empresas abrindo e fechando, é sinal de que as empresas mais eficientes, ou que produzem itens mais valorizados pela sociedade, estão substituindo empresas já caducas. No caso de pessoas mudando de emprego, o fluxo de pessoas entre empregos significa que o mercado de trabalho está promovendo um melhor casamento entre postos e habilidades individuais dos trabalhadores.

Ocorre, porém, que, nesse período entre sair de um emprego e ingressar em outro, a pessoa que acabou de ser demitida – porque a empresa fechou – estará desempregada. Lembremos que o fato de empresas fecharem não é algo necessariamente ruim, mas, para que isso não gere danos ao trabalhador, é preciso ajudá-lo nessa transição. Daí a importância do auxílio-desemprego, uma ajuda financeira paga pelo governo a fim de amenizar a situação do trabalhador até que ele consiga se recolocar no mercado. Claro, na hora de estipular o valor e a duração do auxílio-desemprego, é preciso tomar certos cuidados. Se você calibra esse benefício muito para o alto, acontece como em alguns países da Europa: ele fica tão generoso que o cidadão decide muitas vezes transformar o desemprego numa espécie de férias custeadas pelos demais contribuintes! Por outro lado, se o auxílio-desemprego for calibrado muito para baixo, e ainda por cima for de curta duração, o trabalhador se verá forçado a pegar a primeira oportunidade de trabalho que aparecer, o que pode ser ruim para ele e para a economia. Isso porque, se essa primeira vaga não for a mais apropriada para suas habilidades, ele provavelmente faria melhor em esperar um pouco mais (o que não pode fazer, considerando que o auxílio-desemprego expira logo).

Em suma, o ponto é que esse processo de busca por uma nova vaga não pode ser feito muito às pressas, senão você pode terminar como o Bruno, especialista em finanças, mas dando aula de História Econômica para pagar as contas da família!

Mas existe desemprego que não é causado por essa dinâmica de empresas fechando e abrindo e que, portanto, não têm nada de salutar. Prepare-se aí na cadeira: sindicatos podem acabar gerando esse desemprego do tipo ruim. Pois é, você provavelmente se chocou com essa. Calma que vamos explicar.

Alguns sindicatos têm elevado poder de barganha nas negociações com os patrões do setor. Por isso, acabam conseguindo para seus membros salários relativamente elevados e outras condições favoráveis (em comparação com o salário de mercado para o mesmo tipo de trabalhador). Isso melhora a vida dos que são sindicalizados, claro, mas, por outro lado, com salário mais alto por conta da pressão do sindicato, o que você acha que as empresas fazem? Elas contratam menos gente e, portanto, o desemprego para quem está fora do sindicato se eleva. Pescou? Desse modo, ao conseguir elevar o salário de seus membros, o sindicato acaba aumentando o desemprego dos não membros.

Por fim, se o governo fixa um salário mínimo acima do salário do mercado, o que você acha que ocorre? Pense do ponto de vista de quem contrata. Ora, no caso dos funcionários mais qualificados, nada muda. Esses aí já ganham bem acima do mínimo mesmo. Mas os realmente pouco qualificados e que só interessam à empresa a um custo baixo serão demitidos (ou nunca contratados) se o salário mínimo ficar salgado demais.

Há também o caso intermediário, no qual um salário mínimo maior leva a salários maiores sem gerar mais desemprego. Isso pode ocorrer em uma configuração de mercado na qual há poucas empresas concorrendo entre si pelos trabalhadores. Nesse caso, a empresa monopolizando o mercado de trabalho tem poder de barganha para pagar a alguns de seus trabalhadores menos do que sua produtividade. Quando o governo aumenta por lei o salário mínimo, se antes a empresa pagava menos do que esse novo mínimo, agora ela se vê obrigada a aumentar o salário desses funcionários. Mas isso não leva à demissão, pois é possível que a produtividade desses funcionários ainda seja maior do que o novo salário mínimo (dado que a produtividade já era maior do que o salário inicial pago pela empresa).

Uma elevação do salário mínimo, portanto, é como uma faca de dois gumes: por um lado, aumenta o salário de algumas pessoas em mercados não plenamente competitivos, pessoas que continuam empregadas após o aumento do salário por lei; por outro lado, leva algumas outras pessoas ao desemprego – justamente aquelas menos qualificadas.

Quer aumentar o salário das pessoas? Temos uma solução melhor do que o salário mínimo. Que venha o próximo verbete!

122 ECONOMIA NA PALMA DA MÃO

Capital humano e salários

(Por que a decisão da prima da minha empregada de fazer faculdade aumenta o salário da minha empregada)

O capital humano de uma pessoa é composto de seu nível educacional, sua capacidade de aprendizado e a qualidade da sua saúde.

Quem demanda o serviço dos trabalhadores são as empresas dos diversos setores da economia. As empresas são, portanto, consumidores de mão de obra! E, como todo consumidor, estão dispostas a pagar mais por produtos que tenham maior qualidade e menos por produtos mais simples. Portanto, para que os salários sejam mais altos, só há uma saída plausível: aumentar a atratividade do trabalhador, tornando-o mais produtivo. Como? Melhorando seu capital humano.

Pessoas mais bem treinadas, na escola e fora dela, e saudáveis são mais produtivas para as empresas. E, num ambiente de competição entre si, elas tendem a oferecer salários mais elevados para atrair os funcionários mais produtivos. Não por bondade, mas porque trabalhador mais produtivo é sinônimo de mais rentabilidade.

Por que os governantes então não focam todos os seus esforços na questão do capital humano? Ah, porque é muito mais fácil promover soluções como aumentos do salário mínimo – que você impõe na canetada, com uma lei – do que melhoras efetivas na qualidade da educação e da saúde das pessoas. No primeiro caso, é só assinar um decreto. Já melhorar o capital humano é tarefa árdua, que dura anos, décadas, e exige muito esforço sem dar frutos eleitorais imediatos. Está explicado?

Não estou tirando essas ideias apenas da minha cabeça. De fato, vários estudos estatísticos feitos por gente da área sugerem a existência de uma associação fortíssima entre anos de educação e salário, isso para vários países e em diversos períodos do tempo. No Brasil, por exemplo, esses estudos sugerem que cada ano a mais de educação aumenta o salário em cerca de 10%.

Mais capital humano, mais salário. Muito bem, mas isso explica por que uma empregada doméstica nos Estados Unidos ganha mais do que no Brasil? Indiretamente acaba explicando, sim, mesmo que o nível de capital humano das duas seja o mesmo. Ora, quanto maior o nível educacional médio da população – e nos Estados Unidos esse nível médio é bem mais alto do que aqui –, menos gente vai querer exercer certas funções que exigem pouca qualificação. Segue-se que o estoque de empregadas domésticas – e de outras profissões que exigem menos estudo – em um país se reduz à medida que as mulheres de renda mais baixa vão adquirindo mais capital humano e buscando outras áreas para atuar. Por sua vez, essa redução de oferta, como qualquer redução de oferta, eleva o preço – nesse caso, o salário – das empregadas que permanecem nesse mercado, visto que elas se tornam mais escassas. Muitas dondocas de plantão reclamam do aumento do salário da empregada doméstica, mas, para a sociedade como um todo, isso é algo extremamente salutar.

Máquinas e salários
(Máquinas roubando empregos?)

Máquinas são.... ah, todo mundo sabe o que são máquinas!

OK, já martelei bastante o papel do capital humano. Agora falta falar das nossas amigas máquinas e das tecnologias, e de como elas se encaixam nessa história do emprego e do salário do trabalhador.

Muita gente vê as máquinas como algo prejudicial ao trabalhador, como algo que lhes rouba vagas, mas essa é uma interpretação ingênua da questão. Lembre-se: o salário é tanto maior quanto maior a produtividade do empregado, mas um trabalhador sem máquinas ou com máquinas ruins é claramente menos produtivo do que um com máquinas modernas à sua disposição.

Pense na produtividade de um empregado de fábrica que usa um torno computadorizado e na de outro, de resto idêntico ao primeiro, que precisa trabalhar com um torno mecânico velho. O primeiro será mais produtivo e, portanto, ganhará um salário mais alto.

Nos lugares onde há poucas máquinas e baixo conteúdo tecnológico, os salários são mais baixos, não mais altos. E onde há mais máquinas, não há mais desemprego: essa relação não existe nos dados estatísticos. Muito pelo contrário. Ao longo dos últimos 150 anos, os salários das pessoas subiram vertiginosamente junto com as melhorias tecnológicas e a chegada incessante de novas máquinas. A regra geral, então, é: mais máquinas, mais salário!

Espera aí, mas e o pessoal que perde emprego para a máquina? Sim, de fato temos máquinas que substituem as pessoas em certas tarefas. A linha de montagem de carros é um bom exemplo: muitas tarefas que eram desempenhadas por pessoas são hoje feitas com robôs. Cuidado, porém, com a falácia do "número de empregos fixos na economia". Se as máquinas chegam, vamos precisar de gente para operá--las, cuidar da sua manutenção, fabricá-las, desenhá-las etc. Ou seja, passam a ser necessários novos empregos, diferentes dos anteriores, e em geral mais bem remunerados.

E, mesmo que ainda assim "sobre gente" no setor após a chegada das máquinas, esses trabalhadores podem achar outras coisas para fazer, talvez até mais interessantes, como desenvolver aplicativos, vender alimentos sem agrotóxico, ou seja lá o que for. Novos empregos se criam, novos produtos surgem, novas maneiras de empregar nosso tempo produtivo estão sempre aparecendo. Não há limite para isso, nunca houve.

O ponto central é: tecnologias novas não devem ser barradas para preservar empregos caducos. Se agíssemos consistentemente desse modo, travando o avanço, ainda estaríamos no tempo das cavernas. E, se fosse verdade a máxima "mais máquinas, mais desemprego", como explicar que o desemprego não se elevou (aliás, caiu) durante os últimos 150 anos de grandes avanços tecnológicos? Verdade, com a chegada das lâmpadas muita gente que fabricava velas ficou temporariamente desempregada, mas depois foi trabalhar em outras coisas. Alguém em sã consciência defenderia a proibição das lâmpadas para que esse desemprego de curto prazo que elas causaram pudesse ter sido evitado?

E há, sim, o que possa ser feito para ajudar os deslocados pelas tecnologias e máquinas. Em um dos verbetes anteriores, já mencionamos o auxílio-desemprego. Outra coisa importante a se fazer é oferecer retreinamento para quem, por exemplo, produzia velas e precisa aprender a fazer outra coisa após a chegada das lâmpadas, tarefa que deveria ser também da alçada do governo. No mundo atual, o mais importante retreinamento é sem dúvida habilitar as pessoas de menor nível educacional a operar computadores. Estudos empíricos sugerem que a defasagem na habilidade para operar novas tecnologias de informação é responsável por parte importante do aumento da desigualdade de renda nas últimas décadas, inclusive no mundo desenvolvido.

Ajudar o trabalhador significa também promover sua aproximação em relação às novas máquinas e tecnologias disponíveis, e não isolá-lo dessa influência.

Curva de Phillips
(Pensaram que ela tinha desaparecido!)

A curva de Phillips é a relação inversa que se observa entre a taxa de inflação e o nível de desemprego ou, de modo mais geral, entre a taxa de inflação e o grau de ociosidade na economia.

Com o desemprego baixo, aumentar a produção não é fácil. Ou melhor, envolve custos extras. Para pôr seu funcionário para trabalhar mais horas, você precisa pagar mais, implementar um turno noturno mais caro etc. E para contratar novos trabalhadores, se há poucos disponíveis porque o desemprego está baixo, você precisa pagar caro para encontrá-lo ou "roubá-lo" de outra empresa. E o contrário vale quando o desemprego está alto: os salários ficam contidos porque tem excesso de gente querendo trabalhar para uma procura fraca por mão de obra.

Assim, é intuitivo que os salários subam mais com desemprego menor e não subam (ou até caiam) quando o desemprego está elevado. Com desemprego baixo, a alta dos salários será repassada para os preços, gerando inflação mais alta. Já com o desemprego alto, a inflação fica em patamares mais baixos porque os custos de aumentar a produção contratando mais gente são mais modestos.

Essa relação inversa entre desemprego e inflação – chamada curva de Phillips – era muito clara nos dados estatísticos até os anos 1970. Mas aí subitamente a curva de Phillips sumiu...

Bem, sumiu mais ou menos. Se você pegar os dados daquela época, de fato vai observar um desemprego alto e uma inflação também alta, daí a tese do sumiço. Mas, na verdade, a curva estava escondida. Naquela época, uma forte alta do preço do petróleo tinha aumentado de maneira assombrosa os custos das empresas, e essas precisaram então fazer duas coisas: aumentar os preços, porque seus custos tinham subido, mas também cortar funcionários, porque, a esse preço mais elevado, a demanda por seus produtos havia se reduzido. Foi, portanto, a fortíssima elevação do petróleo que elevou ao mesmo tempo o desemprego e a inflação. Porém, isolando o impacto desse choque do petróleo por meio de técnicas estatísticas apropriadas, a gente consegue ver que a curva de Phillips não havia desaparecido, nem nessa conturbada década de 1970.

O que os economistas aprenderam nos anos 1970 é que a curva de Phillips pode também se deslocar se alguns custos de produção passam por choques importantes. Esse deslocamento significa que um mesmo desemprego pode estar associado a uma inflação mais alta, sem que a relação inversa desemprego/inflação deixe de existir. Veja este belo desenho a respeito disso:

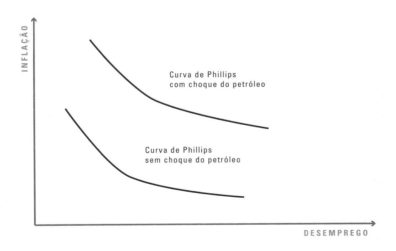

Política monetária
(Timoneiro, a bombordo!)

Política monetária é o uso que o governo faz da taxa de juro, normalmente com o objetivo de manter a economia perto do seu potencial e a inflação baixa e estável.

Na imensa maioria dos países, os governos – por meio de seu Banco Central – manipulam a taxa de juro da seguinte forma: elevam os juros quando a economia está aquecida com inflação alta, e reduzem-na quando a economia está desaquecida e a inflação muito baixa. A recomendação é simples: a política monetária deve remar contra a maré!

Por que usar o juro desse jeito? Porque, com juro mais alto, o consumo se reduz, principalmente o de bens duráveis (geladeira, carro etc., ou seja, coisas que se compra a crédito). E é justamente disso que você precisa quando a economia está muito aquecida e com inflação alta. E, de modo oposto, reduzindo-se o juro, o consumo cresce – o que é desejável numa situação de desaceleração econômica –, já que poupar fica um pouco menos interessante com juro mais baixo.

Porém, as alterações da taxa de juro não afetam automaticamente a economia, já que demora um tempo até as pessoas ajustarem seu padrão de consumo. Os economistas chamam esse tempo entre a mudança do juro e o impacto da mudança na economia de *defasagem da política monetária*. Trata-se de um fenômeno mais importante do que pode parecer à primeira vista. Vamos explicar

130   ECONOMIA NA PALMA DA MÃO

usando um exemplo do mundo da navegação. Você já pilotou um timão, leitor? Não? Não tem problema, nós vamos explicar o que acontece.

Quando vem uma onda forte que tira seu navio do rumo, você tem de acionar o leme na direção contrária, para retornar à rota. Depois que você gira o timão, porém, o navio não muda de rumo imediatamente, o que deixa nervosos os timoneiros inexperientes. A reação mais comum é então girar mais ainda o timão. No entanto, ao fazer isso, a situação se complica, porque após uns minutos o barco finalmente reage e, se você girou demais o timão, ele não apenas vai retornar ao rumo anterior, como vai guinar forte, coisa que você não quer. Aí sabe o que ocorre? O timoneiro se desespera de novo, vira o timão com tudo na direção oposta, e o resultado você já deve ter antecipado: o navio fica zigezagueando feito barata tonta em torno de uma rota.

O paralelo com a política monetária é direto: a economia desaquecida leva o Banco Central a baixar o juro, mas a economia não reage logo e aí o governo pode ficar tenso e decidir baixá-lo mais ainda, levando o juro para um nível muito baixo. O resultado é que, passada a tal defasagem, a economia superaquece e a inflação se eleva mais do que o aconselhável. Essa não é uma tese fictícia: é a descrição exata do que ocorreu na economia brasileira em 2012, por exemplo. No Banco Central, não podemos ter timoneiros assustados!

Dissemos antes que a política monetária precisa remar contra a maré. Na verdade, é preciso que se diga, às vezes não é óbvio o que isso significa. Ocorre que, infelizmente, em algumas situações, a inflação pode estar alta com a economia desaquecida. Isso acontece no caso dos chamados *choques adversos de oferta*, que se dão quando o preço de um insumo de produção importante, como o petróleo, se eleva fortemente. Nessa situação, as empresas, enfrentando custos de produção muito altos, elevam preços e cortam a produção (a esse novo preço há menos demanda). Ou seja, a inflação se eleva ao mesmo tempo que a economia se enfraquece.

Com as empresas cortando a produção, o desemprego se eleva e o consumo se reduz. É o pior dos mundos: inflação alta e desemprego elevado! Essa combinação perversa, chamada nos casos mais fortes de "estagflação" (estagnação + inflação), gera um grande dilema para o governo: subir o juro para combater a inflação ou cortar o juro para incentivar a economia? Nesse caso, não há resposta simples, mas a regra de bolso é subir o juro, apenas um pouco, o suficiente para que a inflação não ganhe raízes na economia.

De novo, não é mera teoria: o mundo passou por situação similar nos anos 1970, com os chamados *choques do petróleo* (altas fortíssimas do preço desse insumo por causa de problemas geopolíticos). Naquela época, em vários países o Banco Central escolheu não combater a alta de preços com juro mais alto justamente porque o desemprego havia se elevado. Decisão compreensível, mas a consequência foi que a inflação ganhou raízes profundas, e só após vários anos, quando os bancos centrais enfim subiram fortemente a taxa de juro no fim da década de 1980, é que ela retornou a patamares civilizados.

Independência do Banco Central
(Protegendo a sociedade dos políticos)

A independência do Banco Central implica deixar os técnicos dessa instituição livres de interferências políticas.

Vimos no verbete anterior, "Política monetária", que o governo deve calibrar os juros para que a economia não fique nem muito aquecida (com inflação alta) nem muito desaquecida (com inflação muito baixa). Isso seria o curso de ação correto, mas o problema é que o correto pode ser às vezes corrompido por outras causas...

O caso mais comum é o de um *governo endividado*. Para reduzir uma dívida muito grande, ajuda bastante deixar o juro dessa dívida lá embaixo, barateando-a. E, de fato, governos encrencados com dívida alta tendem justamente a agir assim, com a consequência de que a economia superaquece e a inflação se torna um problema. A origem do desvio da política monetária ideal, veja bem, é a dívida muito alta (que, por sua vez, tem origem numa política de gastos irresponsável). Essa é de fato a história por trás da inflação alta nos anos 1980 na América Latina: governos gastões pressionando seus bancos centrais para baratear suas dívidas.

Outra fonte para o desvio da política monetária do seu rumo correto vem da influência do *ciclo eleitoral*. Antes da eleição, o governo pode querer dar uma aquecida na economia para aumentar suas chances – porque de fato um desemprego menor aumenta as chances de reeleição.

PARTE 1 – ECONOMIA 133

Para isso, ele pode optar por praticar um juro menor do que o correto, com base no quadro da atividade econômica e da inflação. Pode até dar certo para o governo, mas é ruim forçar artificialmente o PIB de um país para cima, pois essa brincadeira termina sempre em inflação. Além disso, essa é uma estratégia arriscada para o próprio governo, pois seu sucesso depende de a economia aquecer antes da eleição e a inflação acelerar apenas depois da eleição. Se a inflação vier antes do dia do voto, *bye-bye* reeleição.

Finalmente, para que essa manipulação oportunista da política monetária dê certo, é preciso que os eleitores não antecipem que juro muito baixo agora levará a problemas inflacionários mais adiante. À medida que o eleitorado vai amadurecendo, ele vai ficando mais atento a esse tipo de manipulação, e, portanto, não é à toa que muitos governos, principalmente em lugares onde o eleitorado é mais bem informado, não recorrem a esse expediente.

De todo modo, para coibir a influência da política nas decisões de política monetária, e para impedir gastos excessivos "financiados" pela inflação, muitos países nas últimas décadas tornaram seus bancos centrais independentes do governo da vez, isolando-os em certa medida das pressões políticas. Na prática, isso é implantado ao se descasar o mandato da diretoria do Banco Central do mandato do governo, e dificultando por lei que o governo troque o comando do Banco Central a seu bel-prazer, tirando um diretor preocupado com a inflação para pôr em seu lugar um preocupado com a eleição.

Nesse sentido, é positivo também atribuir metas explícitas para o Banco Central e cobrá-lo periodicamente pelo cumprimento dessas metas. Isso ajuda a manter seus objetivos alinhados com o que é melhor para a sociedade, não para o governante da vez.

Câmbio fixo *versus* flutuante
(Credibilidade versus flexibilidade)

Câmbio fixo é quando o governo controla o preço do câmbio. Câmbio flutuante é quando ele é livremente definido pela interação entre oferta e demanda.

Era uma vez a América Latina – e o Brasil em particular –, onde a inflação comia solta. Era a década de 1980, e a política monetária sancionava a farra adotada pelos políticos no campo fiscal. Como essas tenebrosas transações chegaram ao fim?

Na época, a maneira mais direta e correta de se corrigir o problema da inflação era óbvia para os economistas: pôr ordem nos gastos públicos para cortar a inflação pela raiz. Ah, correto, muito bem, mas os economistas muitas vezes se esquecem de que, na prática, é preciso combinar os tais cortes de gastos públicos com os russos e com os búlgaros. E eles não queriam cortar gastos, não. Como forçar o ajuste, então? Alguém sugeriu: "Fechem os bancos centrais, aí não vai ter como imprimir moeda de maneira irresponsável!".

A moda pegou.

Muitos países fecharam o próprio Banco Central para impedi-lo de sancionar políticas fiscais expansionistas, restaurando assim alguma credibilidade anti-inflacionária ao cortar a fonte monetária de financiamento dos gastos. E funcionou: a inflação de fato caiu, e muito.

Bom, na verdade, o termo "fechar" foi um exagero de linguagem. O que esses países fizeram de fato foi atrelar sua moeda ao dólar americano; é isso que chamamos de fechar o Banco Central do país. Exageramos, mas não mentimos! Veja que, quando você atrela sua moeda à de outro país, por exemplo, numa paridade de 1:1 – como fizeram o Brasil e a Argentina nos anos 1990 –, você está efetivamente abrindo mão de tomar decisões de política monetária de modo independente. Por quê?

Porque o juro doméstico, nesse caso, não pode ser o que o governo quer para ajudá-lo a financiar sua dívida; ele tem necessariamente de ser aquele que mantém a cotação da moeda estável na paridade fixada. Se o governo derruba o juro para gastar mais, por exemplo, a essa taxa de juro mais baixa dólares saem do país para procurar investimentos mais rentáveis em outros lugares. O problema é que, com dólares saindo, alguma hora o governo não consegue mais manter a promessa da paridade de 1:1, pois suas reservas de dólares vão secando. O mercado rapidamente desconfia: "Hum, o governo promete trocar um dólar por um real, mas logo, logo, ele não vai mais conseguir se os dólares continuarem a sair do país".

A conclusão é que, num regime de moeda atrelada, não se pode mais brincar com o juro do jeito que bem quiser.

Por um lado, isso é bom justamente por isolar a política monetária de pressões políticas. Mas, por outro, numa recessão você quer cortar a taxa de juro, lembra? Epa, espera lá, com a moeda atrelada, você não pode mais pilotar o juro, ele está no automático. É camisa de força!

Assim, o que acontece num regime desse tipo é que a política monetária fica incapacitada de remar contra a maré – ou seja, não segue a recomendação que fizemos no verbete "Política monetária" (p. 130). Isso pode ser um probleminha, ou mesmo um problemão. Se a direção da política monetária do Banco Central dos Estados Unidos, que é quem efetivamente dita o rumo do juro nos países que fixam sua moeda ao dólar, estiver frequentemente na contramão do ciclo econômico do país que atrelou a moeda ao dólar, aí vai ser um problemão. O juro só pode cair no país que atrelou a moeda se ele cair nos Estados Unidos (e subir aqui se subir lá), mas nem sempre as recessões desses dois países vão ocorrer ao mesmo tempo. E aí, como faz? Resposta: não faz, e o ciclo econômico fica mesmo mais volátil, o que em si é ruim.

Em resumo, esse jeito de fazer política monetária, ou melhor, de não fazer política monetária, derrota a inflação ao custo de tornar o país incapaz de combater as oscilações nos seus ciclos econômicos. O chamado *câmbio fixo* traz credibilidade, mas ao custo de perder flexibilidade para reagir aos ciclos da economia.

Já no *câmbio flutuante*, regime no qual o governo atua pouco nos mercados de moeda e não fixa um patamar específico para o valor da moeda, é o contrário. Com o câmbio flutuante, o governo fica livre para levar a taxa de juro como quiser, podendo direcioná-la para atenuar os ciclos econômicos (ou para facilitar o financiamento de seus gastos excessivos também!). O que vai acontecer é que, se ela for muito baixa, os capitais deixam o país e a taxa de câmbio consequentemente se deprecia, perde valor. Mas se a ideia é expandir a economia, tudo bem, pois um câmbio mais fraco ajuda a exportar mais um pouquinho. Por outro lado, se ela for muito alta, ocorre o inverso: entra dinheiro no país para se aproveitar do juro alto, e a cotação da moeda nacional se fortalece, jogando uma duchinha de água fria numa economia aquecida.

Para quem não está com problemas sérios de credibilidade no combate à inflação, o câmbio flutuante é uma ótima pedida. Ele funciona como amortecedor de choques, de modo quase perfeito. O mecanismo é assim: se caem os preços de bens que exportamos – pense em *commodities* como o ferro ou a soja, por exemplo –, entram menos dólares, e aí a taxa de câmbio se deprecia e nossa moeda perde valor. A depreciação da moeda aumenta a quantidade de reais gerados a cada dólar que entra via exportações (pois um dólar passa a comprar mais reais) e isso compensa a queda do preço das *commodities* no mercado internacional. O ajuste automático no câmbio reduz a perda do exportador e impede que a desaceleração da economia seja muito forte. Amortecedor é a palavra-chave aqui!

No sentido inverso, quando a economia está bombando, talvez porque um importante parceiro comercial esteja crescendo em ritmo acelerado e comprando muito da gente, entram muitos dólares, e a taxa de câmbio aprecia, o que refreia o calor das exportações e dá uma segurada na inflação.

O câmbio flutuante, portanto, modera a intensidade dos ciclos econômicos. Assim, se você não tem grandes problemas de reputação inflacionária, é muito melhor ter esse dispositivo à mão do que fixar artificialmente o valor da moeda.

Metas de inflação
(Credibilidade sem perder a flexibilidade)

O sistema de metas de inflação é uma política monetária cujo objetivo é manter a inflação dentro de determinado intervalo de tolerância.

Desde 1999, o Brasil não pratica mais o regime monetário de moeda atrelada ao dólar, e sim o chamado sistema de metas de inflação. Esse regime é um meio-termo entre um sistema hiper-rígido de moeda atrelada (no qual o Banco Central efetivamente perde a capacidade de praticar sua própria política monetária) e um regime totalmente livre, em que o Banco Central não tem um objetivo explícito e, portanto, a política monetária fica mais facilmente refém da política fiscal (veja verbete a seguir) e dos ciclos políticos.

No sistema de metas de inflação empregado no Brasil, a meta é de 4,5% de inflação ao ano, com intervalo de tolerância de 2% para cima ou para baixo. No caso de o Banco Central perder essa meta, ele precisa justificar formalmente por que isso ocorreu, e também explicitar para a sociedade as mudanças de rumo que planeja adotar para que a inflação volte ao intervalo (como ocorreu em 2003 no Brasil).

Além disso, nesse sistema, os objetivos são colocados de modo claro, e periodicamente o Banco Central, em uma comunicação formal, faz uma avaliação de como está vendo a evolução do quadro inflacionário. A combinação "objetivos explícitos + comunicação clara" leva a uma margem menor de manipulação populista da política monetária.

E não apenas isso. Como nesse regime há um intervalo de tolerância, o Banco Central tem liberdade para acomodar dificuldades passageiras (o que não ocorre quando se atrela a moeda ao dólar) sem que isso leve a uma deterioração da sua credibilidade. Por exemplo, se a atividade econômica sofre um baque, ele pode cortar os juros e remar contra a maré. E, mesmo que a inflação não tenha caído com a queda da atividade econômica (o que se dá no caso de um choque adverso de custos), ele tem espaço para fazer frente à desaceleração da economia com uma política de juros mais frouxa, usando para isso o intervalo superior do intervalo de tolerância da inflação. Com a inflação dentro do intervalo, ele pode reduzir os juros sem que isso seja interpretado como uma ação irresponsável.

Assim, o sistema de metas de inflação confere certa flexibilidade à política monetária sem comprometer a credibilidade anti-inflacionária. É uma belezura.

Política fiscal

(Em tempos de vacas magras, mais gastos do governo; em tempos de vacas gordas, menos gastos)

A política fiscal diz respeito aos impostos e gastos do governo.

No Brasil, por muitos anos, a política fiscal foi uma verdadeira bagunça. Gastava-se consistentemente mais do que se arrecadava, gerando inflação alta via emissão de moeda. Em 2000, algumas regras de prudência foram aprovadas e "pegaram" (aprovou-se a Lei de Responsabilidade Fiscal, por exemplo), e assim a política fiscal ficou mais equilibrada. Nessa época, discutiu-se se seria apropriada a imposição de que o governo precisaria sempre gastar exatamente o arrecadado com impostos, nem mais nem menos. Sorte nossa que chegaram à conclusão de que isso não deveria constar da nova ordem fiscal.

Isso, você leu bem: somos contra a lei que equilibra continuamente o orçamento do governo. Não nos entenda mal: disciplinar a ação do governo é muito importante, sem dúvida, mas a regra do orçamento público sempre equilibrado não é boa. Vejamos por quê.

Em tempos de atividade econômica ruim, a arrecadação de impostos cai, visto que esta depende muito do giro da economia. Além disso, sobem os gastos com coisas como seguro-desemprego, auxílio federal a estados e municípios etc. Ou seja, o orçamento do governo tende a ficar desequilibrado para o negativo quando a economia vai mal. Agora, se para compensar esse desequilíbrio de gasto alto e arrecadação baixa o governo eleva os impostos ou deixa de pagar seguro-desemprego, por exemplo, a atividade econômica afunda ainda mais. Portanto, na maré baixa, é para deixar o déficit do governo se elevar mesmo.

Sim, o resultado disso é que o governo aumenta seu endividamento nos tempos ruins. E, portanto, mais adiante precisa acontecer uma compensação na direção contrária: no tempo de vacas gordas, o governo precisa maneirar nos gastos para, com a arrecadação em alta, pagar pelo aumento da dívida contraída na época das vacas magras. Então, quando a economia reaquece, é preciso conter os gastos e não reduzir a alíquota de impostos. Até porque o contrário, ou seja, aumentar o gasto público em tempos de crescimento econômico forte, aqueceria a economia de maneira desnecessária, elevando a inflação.

Essa combinação de gastar mais em tempos ruins e segurar os gastos em tempos bons chama-se *política fiscal anticíclica*. O nome diz tudo: ela rema na direção contrária do ciclo.

O problema é que a lógica econômica da política fiscal anticíclica nem sempre bate com os incentivos dos políticos – sempre eles! Na prática, a política fiscal é, em muitos casos, a oposta da ideal. Nas épocas difíceis, quando os mercados ficam relutantes em emprestar para governos imprudentes, estes normalmente correm para apertar os cintos, uma vez que simplesmente não há outro jeito; e nos tempos de bom crescimento, com arrecadação sobrando nos cofres, a tendência dos governos é relaxar: eles aproveitam esses momentos para gastar mais e distribuir favores, principalmente perto das eleições. Tudo ao contrário do que deveria ser, na nossa opinião.

Lei de Okun
(Crescimento e emprego de mãos dadas)

A Lei de Okun refere-se à relação direta entre crescimento do PIB e crescimento do emprego.

Eu ia terminar este verbete aqui mesmo, mas então me lembrei de duas coisas importantes sobre essa relação entre crescimento do PIB e crescimento do emprego. A primeira é esta: o que se observa nos dados é que o PIB se expande e apenas depois de alguns meses é que as contratações aumentam. A lógica aqui é a seguinte: o empresário reage a um aumento da produção primeiro usando todos os recursos que tem à sua disposição, e só começa a fazer novas contratações quando sente segurança de que o crescimento da economia não é um evento passageiro, um voo de galinha.

É razoável que seja assim. Se ele contrata funcionários hoje, mas logo uns meses depois o aumento das vendas que o levou a contratar retorna ao patamar de antes, ele precisará mandar esse pessoal recentemente contratado embora. Isso é ruim, desagradável, e tem custos financeiros nada triviais.

De maneira análoga, o empregador não manda o empregado embora logo que suas vendas caem. Se a atividade econômica se recupera alguns meses depois e ele despediu

PARTE 1 – ECONOMIA   143

funcionários bem treinados na época de vendas baixas, o empresário vai se achar em maus lençóis para recontratar gente capacitada a tempo. Isso sem falar nos custos financeiros de demitir e recontratar. Por isso, quando o PIB vai mal, o emprego não cai simultaneamente. A evidência sugere que o PIB precisa ir consistentemente mal para que sejam observados efeitos adversos mais concretos no nível do emprego.

Esse padrão na relação PIB-emprego leva ao seguinte fenômeno estatístico: nas expansões econômicas, com PIB subindo e emprego inicialmente estável, a medida de produtividade aferida pela razão "PIB/total de empregados" se eleva; e nas recessões, quando o PIB cai, mas o emprego resiste inicialmente, a produtividade medida dessa mesma forma se reduz. Nosso alerta aqui é: cuidado com essa medida de produtividade afetada por esse padrão dos dados. Ela é mais um efeito estatístico do que uma indicação real de que o mesmo trabalhador tenha ficado de fato mais ou menos "produtivo".

O segundo ponto importante sobre essa relação entre crescimento do PIB e do emprego pode ser resumido nos seguintes termos: nem todos os crescimentos afetam o emprego do mesmo modo. Setores diferentes empregam em intensidades diferentes. Por exemplo, se o que puxa o crescimento do PIB é a área de serviços ou a de construção civil, o impacto no emprego é muito forte, porque esses setores usam mão de obra de maneira intensiva, ou seja, usam muita gente para expandir. Mas, se o motor do crescimento é a indústria, o impacto já é mais modesto, pois nesse setor a proporção máquinas/gente é maior do que nos outros dois.

Direito de propriedade

(Sem direito de propriedade não há desenvolvimento)

O direito de propriedade é o direito de indivíduos ou organizações de usufruir e dispor de determinado bem do qual são donos.

As instituições são as peças principais do jogo econômico. Onde elas são boas e asseguram os direitos de propriedade, o desenvolvimento econômico é maior. A renda *per capita* na Coreia do Norte, em 2012, situava-se abaixo de US$ 2.000, enquanto na Coreia do Sul estava um pouco acima de US$ 32.000. Além disso, na Coreia do Norte, a desigualdade de renda é brutal: enquanto muita gente morre de fome, a elite comunista vive de caviar e champanhe; já na Coreia do Sul, a desigualdade é baixíssima. Como podem essas duas Coreias, que eram uma só até 1950 – com as mesmas raízes culturais, o mesmo povo, a mesma geografia –, terem evoluído de modo tão diferente?

Se eu plantar abobrinha no meu quintal e meu vizinho pular o muro para colher minhas abobrinhas impunemente enquanto eu durmo, uma hora eu me canso e desisto de plantar abobrinha. Na verdade, sabendo que ele já roubou o tomate do outro vizinho, eu nem planto mais as abobrinhas. O ponto central aqui é: se o direito de propriedade sobre o que planto no meu quintal não estiver salvaguardado, não faz sentido comprar adubo, sementes, pesticidas, cavucar a terra, montar um sistema de irrigação etc.

A mesma lógica se aplica quando o tema é o desenvolvimento dos países: naqueles onde os direitos de propriedade não existem, ou são precários, o investimento e os incentivos para produzir são adversamente afetados. Como consequência, claro, o PIB será menor.

Voltemos à história das abobrinhas para completá-la. O fato é que eu estava muito determinado a plantá-las. O que fiz então? Instalei uma cerca elétrica no muro para impedir o roubo do produto de meus esforços pelo vizinho. A instalação, contudo, foi cara, e com isso sobrou menos dinheiro para adquirir boas sementes. Meu plantio de abobrinhas, portanto, foi menor do que seria num mundo em que meus direitos de propriedade estivessem garantidos, num mundo em que o vizinho não pulasse o muro, por medo de, desrespeitando a lei, ser pego e posto atrás das grades. Mas pelo menos algum plantio se deu.

Poderia ter sido pior. Imagine você, leitor, se o vizinho ladrão fosse o comandante de um exército enorme de um milhão de soldados e viesse bater à minha porta sugerindo que eu lhe entregasse minhas abobrinhas para que pudesse fazer com elas uma sopa no seu palacete? Nesse caso, a cerca elétrica não ia adiantar muita coisa. E sem a cerca elétrica eu não ia, na verdade, nem plantar as abobrinhas. Ou ia plantá-las – caso ele me obrigasse – sem a menor vontade de realizar um bom trabalho, fazendo corpo mole sempre que desse.

É justamente pelo mesmo motivo que a Coreia do Norte é tão pobre: lá as pessoas não têm nenhum direito de propriedade, e quem os viola é o próprio governo, dono da força militar e da "justiça". Para que investir, inovar, pensar em novos produtos, se esforçar etc. num ambiente como esse, no qual você não colhe os frutos do que planta? Como consequência da precariedade dos direitos de propriedade, a produtividade econômica desaba, e o resultado é um PIB cerca de 15 vezes menor na Coreia do Norte do que na Coreia do Sul.

A Coreia do Norte é um caso extremo que ajuda a ilustrar como a ausência de direitos de propriedade para uma ampla parcela da sociedade leva à pobreza e à estagnação da economia. Mas os dados sugerem que essa relação se verifica também em situações menos radicais, em sistemas políticos democráticos. Mesmo nesses, maior garantia de direitos de propriedade e maior estabilidade das regras vigentes estão diretamente associadas a um maior nível de desenvolvimento econômico.

Desenvolvimento de longo prazo
(Condições necessárias e suficientes)

Como o próprio nome diz, o desenvolvimento de longo prazo diz respeito ao crescimento de determinado país ao longo do tempo, por muitas décadas.

Os jornais de economia falam excessivamente da inflação do mês e do crescimento do trimestre. Porém, o que realmente importa não é se o país vai crescer 1% ou 3% num dado ano, se a inflação será 5% ou 5,5%, e sim se esse país será capaz de crescer 2% consistentemente, em média, por muitas décadas. Pequenas diferenças por longos períodos fazem muita diferença porque a situação é exponencial, ou seja, taxa em cima de taxa. Um país que cresce meros 2% ao ano (parece pouco, né?) estará quase três vezes mais rico 50 anos depois. É muito.

Como chegar lá? Ter as variáveis macroeconômicas em ordem – por exemplo, inflação estável, dívida controlada, câmbio no lugar, déficits modestos, ausência de crises etc. – é importante, mas não é suficiente. Sem estabilidade, nada anda, claro. Mas não basta a macroeconomia estar em ordem, infelizmente. É condição necessária, mas não suficiente.

Os economistas costumam dizer que o importante para o desenvolvimento de longo prazo são coisas como capital de infraestrutura, nível educacional, tecnologia de ponta, produtividade. Está correto. Sem estradas, portos e sistemas de telecomunicação eficientes, produzir e vender é dureza; uma força de trabalho com baixo nível educacional não consegue utilizar a contento novas tecnologias, tem mais dificuldade de manusear informações relevantes de modo produtivo, aprende novas técnicas com certa dificuldade etc.; e, sem absorção de tecnologias modernas vindas dos grandes centros – e para isso o comércio internacional é importantíssimo –, continuamos produzindo com técnicas atrasadas e que geram pouca quantidade de produto por trabalhador.

OK, mas acontece que a pergunta mais relevante é: por que essas variáveis evoluem satisfatoriamente em alguns países e vão de mal a pior em outros?

A resposta a que se chegou depois de anos de pesquisa acadêmica nessa área é: a qualidade institucional de um país e a extensão dos direitos de propriedade a uma ampla camada da sociedade explicam a má ou a boa evolução dos fatores acima citados. Regras do jogo claras e qualidade no provimento de bens públicos, como saúde e educação, têm, por sua vez, tudo a ver com maturidade do regime democrático, com a capacidade da sociedade de monitorar e cobrar seus governantes. Não estou falando nada surpreendente, pois é óbvio que são a qualidade e a solidez das instituições democráticas que impedem que o governante da vez atenda a interesses particulares e não a interesses gerais, cuidando mais dos amigos do rei do que dos súditos do rei.

De fato, os países que saíram na frente na corrida do desenvolvimento foram precisamente aqueles, na Europa Ocidental, que há cerca de 200 anos conseguiram fazer com que seus governos começassem a responder de modo eficaz e equilibrado aos anseios da sociedade como um todo, e não a apenas poucos privilegiados.

O Brasil e a América Latina ainda engatinham nessa trajetória e têm, infelizmente, uma história recheada de exploração de muitos por poucos, marcada por caudilhismo, autoritarismo e populismo, o que torna difícil a modernização institucional. Otimista que sou, creio, contudo, que não está tão longe o dia em que veremos nossos governantes não como salvadores da pátria ou impositores da verdade, mas como meros funcionários qualificados a serviço da sociedade.

A teoria de Thomas Malthus
(Patinando no mesmo lugar)

Segundo a teoria malthusiana, o crescimento da população tende sempre a ser maior que o da produção de alimentos, gerando escassez para atender as demandas do planeta.

Evidências arqueológicas, e as poucas evidências econômicas que temos sobre o passado remoto, sugerem que, durante a maior parte da existência do homem sobre a Terra, a renda *per capita* não cresceu quase nada, apesar de a população mundial estar em crescimento ininterrupto desde a invenção da agricultura (com exceção de períodos como os da "grande praga europeia").

De fato, o crescimento econômico, como o entendemos hoje em dia, é um fenômeno bem recente, que se deu de 1800 para cá apenas, começando na Inglaterra e de lá se espalhando para várias partes do mundo. A bem da verdade, constata-se que houve um módico crescimento da renda entre 1300 e 1800, mas muito pouco mesmo. Antes disso, praticamente zero. O que ocorria nesse período? Não havia inovações econômicas que pudessem livrar o homem de então de tanta penúria material?

Havia, mas elas não eram sistemáticas, e sim poucas e esporádicas: uma roda aqui, um moinho ali, um novo jeito de prender o cavalo na carroça acolá. E, para piorar, o comércio, que é uma força pró-crescimento, pois divulga inovações e permite trocas e especialização, era muito modesto na época devido aos elevadíssimos custos de transporte.

De todo modo, as melhoras da economia que se seguiam a essas esparsas inovações geravam, sim, aumentos da renda, que, embora modestos, permitiam que as pessoas pudessem alimentar um número maior de filhos. E mais filhos eles foram tendo ao mesmo tempo que menos filhos começaram a morrer devido à melhor nutrição. Essa dinâmica é que causava estagnação da renda por habitante. Veja só: vinha uma melhora tecnológica que gerava aumento do PIB; aí a fertilidade e a população cresciam e, consequentemente, o PIB por habitante se diluía de novo. O homem vivia assim, sempre muito próximo do mínimo necessário para sua subsistência, sem crescimento real do padrão de vida, patinando sem sair do lugar, e tendo mais filhos.

Não podemos saber ao certo o que manteve por tanto tempo esse padrão de crescimento identificado por Thomas Malthus. Mas um bom palpite é o seguinte: quando as inovações eram pontuais e, portanto, a maneira de se fazer as coisas mudava apenas muito lentamente, não tinha muito sentido se preocupar em investir na educação formal e informal dos filhos, em gastar tempo e recursos preparando-os para um "mercado de trabalho" que não tinha nada de dinâmico. E, se os ganhos de se investir no capital humano de cada filho são baixos, você pode se dar ao luxo de ter muitos filhos, pois eles custam pouco em termos de tempo, dedicação, cuidados, grana. Além disso, filhos proveem um seguro-aposentadoria para os pais, e, quanto mais filhos, mais provável que alguns deles cheguem à idade adulta e terminem cuidando de você na sua velhice[3].

Agora, quando a qualidade e a extensão da educação se tornam fatores importantes para determinar a renda individual – e isso ocorre justamente quando novas técnicas de produção, mais complexas, entram em vigor e evoluem continuadamente –, faz sentido começar a ter menos filhos, para poder investir mais cuidadosamente em cada um deles. O mundo no pós-1800 ficou assim: novas tecnologias elevam o PIB, mas isso não leva mais a aumentos da fertilidade como antes. Portanto, nesse cenário, o crescimento populacional não anula mais o aumento do PIB, e quebram-se as amarras malthusianas: a renda por habitante passa a crescer vigorosamente.

O curioso é que essa brutal alteração na dinâmica do crescimento econômico em muitos países não significou o fim das teses de natureza malthusiana. Ainda no século XX, principalmente até os anos 1960, muita gente dizia que teríamos um problemão décadas à frente porque a produção mundial de comida, limitada pela terra disponível à produção, não conseguiria acompanhar o crescimento populacional, que se acelerava muito nos países em desenvolvimento.

Os catastrofistas neo-malthusianos, porém, estavam equivocados. Duas coisas aconteceram nestes últimos 50 anos que jogaram por terra as previsões do apocalipse.

---

[3] Na maioria dos países, os sistemas de previdência social só surgiram muito depois, no século XX.

Primeiro, o crescimento populacional se reduziu nos países pobres em desenvolvimento à medida que sua renda foi crescendo e que as mulheres passaram a participar mais do mercado de trabalho (e o crescimento populacional também se reduziu nos países mais ricos com a emancipação feminina). Segundo, dos anos 1960 para cá, a agricultura mundial passou por uma imensa revolução tecnológica, e a produção por hectare aumentou em muitos múltiplos, inclusive no Brasil. A terra não se mostrou um fator limitante da produção tão sério como se pensava em vista dos ganhos de eficiência e da adoção contínua de novas técnicas de plantio e colheita. Hoje não se passa fome no mundo por falta de alimentos, e sim por questões de natureza política: guerras e/ou governos incompetentes.

Malthus, que dá nome a este verbete, era um cara inteligente e de raciocínio apurado, segundo dizem, mas em termos de poder de previsão, ele errou feio, mais do que os economistas de hoje! Ainda bem!

PARTE 2
Economia financeira

BRUNO CARA GIOVANNETTI

Investimento financeiro
(O dinheiro viajando no tempo)

Investimento financeiro é a compra de ativos financeiros para fins de poupança.

O termo "investimento", central em economia, tem dois significados. Se a palavra sair da boca de um macroeconomista, como o Carlos Eduardo, provavelmente ele está se referindo à acumulação de novas fábricas e máquinas em um país, ou seja, à acumulação de novo capital produtivo. Outro dia, o ouvi dizendo no rádio que "o alto gasto público brasileiro estava desincentivando o investimento privado, um efeito conhecido como *crowding-out*". Ele estava claramente falando da compra de capital produtivo pelos donos das fábricas.

Agora, se a palavra "investimento" for dita por um economista financeiro – por exemplo, eu –, provavelmente estará em outro contexto. No âmbito das finanças, "investimento" em geral se refere à compra de ativos financeiros que proporcionam poupança, ou seja, que permitem trocar consumo hoje por consumo amanhã. Esses ativos financeiros não são máquinas e equipamentos, mas sim ações e debêntures de empresas, títulos públicos, títulos de instituições financeiras e por aí vai (veja adiante os verbetes sobre esses ativos financeiros).

Para as coisas ficarem menos confusas, o correto seria que o Carlos Eduardo dissesse "investimento produtivo" e eu dissesse "investimento financeiro". Mas, obviamente, em geral não falamos assim. Para que simplificar se podemos complicar, não é mesmo?

Mas, como você sabe, este livro não complica, simplifica! Por isso, temos aqui ambos os verbetes. Em "Investimento produtivo" (p. 107), lemos como os dois tipos de investimento estão intimamente ligados. Resumindo o que é dito ali, o destino do investimento financeiro é o investimento produtivo.

Aqui, porém, vamos focar a ideia da poupança. Um dos problemas mais interessantes em economia é a escolha entre consumo hoje e consumo amanhã. Quanto devo consumir hoje e quanto guardo para consumir amanhã? O interessante é que guardar para consumir amanhã é desejável, porém arriscado.

De fato, o hoje é certo, o amanhã é duvidoso. Primeiro, não sei se amanhã terei o mesmo salário que hoje. Portanto, é desejável guardar um pouco de dinheiro hoje (poupar) para consumir amanhã. No entanto, não sei o que acontecerá de hoje para amanhã com o valor que poupei: aquela ação (ver o verbete "Ações", p. 166) que comprei vai subir ou cair?

Entramos, então, na questão da escolha da carteira de investimento. Se eu não suporto a ideia de não saber ao certo qual vai ser o saldo no mês que vem em meu fundo de investimento (ou seja, quando minha aversão ao risco é muito alta – ver o verbete "Aversão ao risco", p. 180), devo privilegiar os chamados ativos não arriscados, como os títulos públicos e privados prefixados de curto prazo e a caderneta de poupança (ver verbetes a seguir).

No entanto, como diria minha avó, quem não arrisca não petisca. No mundo das finanças, isso quer dizer que, quanto menor o risco de um ativo, menor o retorno médio que ele pagará (ver o verbete "Prêmio de risco", p. 176). Dessa forma, aplicando todo o seu dinheiro em ativos sem risco, você terá um retorno médio baixo.

Um resultado muito interessante em finanças relacionado a isso é o seguinte. Suponha um ativo financeiro A totalmente livre de risco: R$ 100 desse ativo hoje valerão com certeza R$ 101 no mês que vem (ou seja, seu retorno é de 1% ao mês, livre de risco). Imagine outro ativo financeiro B, esse arriscado: R$ 100 desse ativo hoje poderão valer R$ 90 ou R$ 115 no mês que vem, cada valor com 50% de chance. Dado isso, o valor esperado do ativo B no mês que vem é 0,5 × R$ 90 + 0,5 × R$ 115 = R$ 102,50, e seu retorno esperado é igual a 2,5%.

Qual é o resultado interessante? Preparem-se! Que rufem os tambores! Lá vai: *não importa quão avesso ao risco você seja, você sempre, sempre, sempre, deve colocar alguma parcela do seu investimento no ativo B.* O cara mais medroso do mundo, que não sai de casa para nada, também deve comprar ao menos um pouquinho do ativo B. Se não o fizer, não estará agindo de maneira racional (ver o verbete "Racionalidade econômica", p. 23).

Não correr nenhum risco em seus investimentos financeiros de fato não é racional. E isso é mera consequência de o ativo arriscado ter de pagar, em equilíbrio, um retorno esperado maior do que o ativo livre de risco (essa ideia está bem explicada no verbete "Prêmio de risco", p. 176).

Portanto, atenção: se todo o seu dinheiro estiver aplicado em investimentos não arriscados, corra ao banco e converse com seu gerente imediatamente. Você consegue fazer melhor!

Juros
(O aluguel do dinheiro)

Juros são o aluguel do dinheiro. Quer definição mais simples que essa?

Quando você aluga sua casa para alguém, o acordo feito é o seguinte: enquanto a pessoa mora na sua casa, ela lhe paga aluguel. Nada mais justo, não é? Afinal de contas, enquanto ela ocupa confortavelmente seu imóvel, você está morando sabe-se lá onde. E o que isso tem a ver com juros? Tudo. Por quê? Muito simples. Porque os juros nada mais são do que o aluguel do dinheiro. Eu empresto algum dinheiro a você e, enquanto você fica com ele, usando-o como bem entender, você tem de me pagar aluguel – ops, juros.

Se você vai alugar sua casa para alguém que aparentemente terá o maior zelo do mundo com o imóvel, você até aceita receber um aluguel um pouco menor, não é mesmo? Com os juros é a mesma coisa. Quanto mais confiável for o tomador do empréstimo, mais baixos serão os juros cobrados.

Normalmente, o tomador de empréstimos que paga as menores taxas de juros em um país é o governo. Se o país não tem fama de caloteiro, ou seja, se sempre pagou tudo absolutamente em dia e como devido, empréstimos ao governo são até entendidos como livres de risco de crédito. Assim, nesse caso, quem define a base para as taxas de juros em um país é o próprio governo. De tempos em tempos, ele anuncia qual é a taxa máxima que está disposto a pagar por seus empréstimos. No Brasil, essa taxa básica chama-se Selic e é definida a cada 40 dias pelo Banco Central.

O nível dos juros em um país é uma variável de grande importância econômica, pois afeta muitas coisas. Uma delas é a inflação. Via de regra, um aumento na taxa básica de juros de um país tem o poder de reduzir a inflação (ver o verbete "Política monetária", p. 130). Por causa disso, alguns países, entre eles o Brasil, determinam suas taxas de juros usando como critério a inflação que desejam ter.

E a história dos "juros sobre juros"? Você já deve ter ouvido algo do tipo: "cobrar juros sobre juros é imoral, um absurdo!". Já ouviu? Pois é, nós ouvimos várias vezes. Tem gente que até argumenta que é proibido pela Constituição do país. Se de fato é, não sabemos; nem tudo é claro no mundo das leis (e, como não somos advogados, deixa pra lá). Só que, se for mesmo algo anticonstitucional, a queixa é risível! Primeiro, porque tudo no Brasil (e no mundo) funciona com juros sobre juros. Segundo, porque não poderia ser diferente. Vejamos.

Imagine que fosse de fato proibido cobrar juros sobre juros no país e tudo fosse feito na base dos juros simples. Se você tivesse R$ 1 mil para investir por um prazo de dois meses, o que deveria fazer? Bom, uma opção seria ir hoje

PARTE 2 – ECONOMIA FINANCEIRA **161**

ao banco, investir o dinheiro, voltar lá daqui a dois meses e pegar o dinheiro de volta. Qual seria o valor do meu resgate? R$ 1 mil (o valor investido) + R$ 1 mil × 1% (os juros do primeiro mês) + R$ 1 mil × 1% (os juros do segundo mês) = R$ 1.020. Notem que, por serem juros simples, os R$ 10 de juros contabilizados ao final do primeiro mês não rendem juros durante o segundo mês. No entanto, sem papas na língua, fazer isso seria uma grande burrada. Por quê? Bom, se ao fim do primeiro mês você fosse ao banco e retirasse o dinheiro, pegaria R$ 1.010 (R$ 1.000 de principal e R$ 10 de juros). Feito isso, poderia levar esse dinheiro a outro banco e aplicar por mais um mês àquela mesma taxa de 1%. Fazendo isso, ao fim do segundo mês, quanto teria? Pois é, R$ 1.010 (o valor investido) + R$ 1.010 × 1% (de juros) = R$ 1.020,10, o que me daria 10 centavos a mais do que a opção inicial.

O interessante dessa história é que você conseguiria burlar o sistema de juros simples do país. Indo ao banco ao fim do primeiro mês, retirando o dinheiro e depois reaplicando em outro banco, você produziria uma aplicação com juros compostos! Como conseguiria fazer isso? Muito fácil, uma vez que notas de dinheiro não vêm com o carimbo "principal" e "juros". Quando, ao fim do primeiro mês, você levasse R$ 1.010 ao banco 2, faria a mágica de transformar os R$ 10 que eram "juros" no banco 1 – e, portanto, não seriam remunerados durante o segundo mês no banco 1 – em "principal" no banco 2! Desse modo, não tem jeito, juros sobre juros é o natural.

Renda fixa e renda variável
(Parece, mas não é)

O valor dos ativos de renda fixa está predefinido apenas para a data de vencimento dos ativos. Já para os ativos de renda variável, a operação é ainda mais arriscada: não há valor predefinido em data nenhuma.

Há duas grandes classes de investimentos financeiros: investimentos em renda fixa e investimentos em renda variável. Como o próprio nome diz, os investimentos em renda fixa são aqueles que nos pagam um retorno no futuro que já vem definido no momento do investimento, ou seja, a renda futura está fixada, garantida. Por outro lado, o retorno dos investimentos em renda variável é incerto. Pode ser alto, baixo, positivo ou negativo. No verbete "Investimento financeiro" (p. 157), por exemplo, o ativo A era um investimento em renda fixa e o ativo B, em renda variável.

O principal exemplo de investimento em renda variável é a bolsa de valores. Investir na bolsa, ou em um fundo que por sua vez investe na bolsa, significa comprar ações de empresas que têm o capital aberto. Como não sabemos hoje quanto a empresa valerá amanhã, esse é um investimento de renda variável (ver o verbete "Ações", p. 166).

Os principais investimentos em renda fixa são títulos públicos e privados. Quando compramos um título público, estamos emprestando dinheiro para o governo, e, para a maioria dos títulos (há vários tipos), a taxa de empréstimo

PARTE 2 – ECONOMIA FINANCEIRA **163**

já está definida no ato da compra (ver o verbete "Títulos públicos", p. 171). Com relação aos títulos privados, é a mesma coisa, só que, nesse caso, estamos emprestando dinheiro para empresas.

Mas atenção! Essa história de que você já sabe hoje o valor que seu investimento em renda fixa terá no futuro precisa ser mais bem explicada, pois só é verdade para uma data bem específica no futuro. Que data? A data de vencimento do seu investimento. Vou dar um exemplo.

Um famoso título público é a antiga LTN (novo Tesouro Prefixado). Se você disser que comprou hoje uma LTN com vencimento daqui a um ano pelo preço de R\$ 909,10, isso significa que hoje você emprestou R\$ 909,10 para o governo federal e que ele lhe pagará de volta R\$ 1.000 daqui a um ano (uma LTN sempre vale R\$ 1.000 no vencimento, independentemente do valor pelo qual você a compra). Ou seja, você fez um empréstimo para o governo no valor de R\$ 909,10 a uma taxa de juros de 10% ao ano. Por que 10% ao ano? Bom, porque R\$ 909,10 + R\$ 909,10 $\times$ 10% = R\$ 1.000.

Não há nenhuma dúvida de que você receberá do governo federal R\$ 1.000 daqui a um ano (desconsiderando a chance de calote). Ou seja, se mantiver a LTN até o vencimento, é certo que você obterá um retorno de 10% no ano. No entanto, se algum imprevisto acontecer no meio do caminho e você precisar vender essa LTN para outro investidor antes da data do vencimento, a situação muda completamente de figura. Nesse caso, você não tem a menor ideia do valor que receberá pelo título.

A questão é a seguinte. Se a taxa de juros no país tiver subido entre a data em que você comprou o título e a data em que o vendeu, você obterá um rendimento menor do que 10%, e pode inclusive ser negativo. O contrário também é verdade. Se a taxa de juros no país tiver caído, seu retorno será de mais de 10% ao ano.

Para entender isso melhor, vamos usar um exemplo extremo. Imagine que, no instante em que comprou a LTN, a taxa de juros de um ano no país era 10%. Nesse caso, como dito acima, você pagou R$ 909,10 por ela. No entanto, um segundo depois de você ter comprado o título, duas coisas aconteceram ao mesmo tempo: (i) o porteiro do seu prédio ligou avisando que tinham roubado seu carro e (ii) o ministro da Fazenda disse uma bobagem em uma entrevista que fez a taxa de juros de um ano subir para 20%. Como você não tinha seguro do carro, teve de vender a LTN recém-adquirida para dar entrada num carro novo. Por quanto vendeu a LTN? Como a taxa de juros tinha ido para 20% ao ano, o preço de venda foi de míseros R$ 833,33 (R$ 1.000 divididos por 1 + 20%). Ou seja, nessa trágica história, em um segundo você perdeu R$ 75,75.

Assim, cuidado! Investimentos em renda fixa só fazem jus ao nome quando são mantidos até o vencimento. É exatamente por isso que aquele seu fundo de renda fixa, de um dia para o outro, pode ter retorno negativo!

De qualquer modo, os investimentos em renda variável são, em geral, mais arriscados do que aqueles em renda fixa. Para compensar esse risco maior, devem pagar, em equilíbrio, um retorno maior do que os investimentos em renda fixa. Ops, espera um pouquinho. Embora essa última frase tenha saído muito naturalmente do meu teclado, talvez ela tenha soado enigmática para você. Se você não é economista, é provável que sim. Mas a compreensão dessa frase é tão, tão importante, que é melhor usarmos um verbete inteiro para explicá-la: está em "Prêmio de risco" (p. 176).

Ações
(Um pedacinho da empresa para chamar de seu)

Ações são títulos emitidos por empresas. Quem compra uma ação se torna dono de um pedacinho da empresa.

Quando uma empresa precisa de dinheiro para fazer novos investimentos, ela tem duas alternativas. Uma maneira de levantar dinheiro é via empréstimo: fazer uma dívida. Nesse caso, ela pode tomar dinheiro emprestado de um banco ou de outros credores. Outra maneira é vender parte da empresa para novos donos. Aqui, a empresa emite ações e as vende no mercado, chamado mercado primário, uma vez que as ações acabaram de "sair do forno". Operações como essa são os famosos IPOs (*initial public offering* na sigla em inglês; em português, oferta pública inicial).

A escolha entre emitir ações ou tomar dinheiro emprestado não é trivial. Ambas as alternativas têm prós e contras. O principal ponto negativo de emitir ações é que parte da empresa vai para a mão de outras pessoas, o que, em princípio, é ruim. Levantar dinheiro por meio de

166 ECONOMIA NA PALMA DA MÃO

dívida não traz esse problema. Por outro lado, ao emitir ações, o dono original da empresa passa a compartilhar o risco do negócio com os novos acionistas. No caso da dívida, isso não acontece. Uma empresa que toma dinheiro emprestado em um banco tem de pagar o empréstimo, faça chuva ou faça sol.

É interessante notar que o financiamento via venda de ações só está disponível para pessoas jurídicas. Você, por exemplo, se precisar de dinheiro para alguma coisa, só terá a opção de tomar emprestado. Não há como vender parte do seu capital.

Quem compra ações de uma empresa, seja no mercado primário, seja no secundário (ou seja, de outro investidor, e não diretamente da empresa), vira sócio dessa empresa e, como tal, começa a ter direitos e deveres. Se a ação for do tipo "ordinária", seu dono tem direito a votar nas assembleias deliberativas sobre definições relevantes da empresa – cada ação ordinária dá direito a um voto na assembleia. Se a ação for do tipo "preferencial", ela não dá direito a voto. Em contrapartida, quando a empresa distribui entre os acionistas a parte do lucro que não será reinvestida, os chamados dividendos (ver próximo verbete), os acionistas preferenciais ficam na frente da fila para recebê-los.

É bem verdade que ficar na frente da fila na hora da distribuição dos dividendos, na grande maioria das vezes, não quer dizer muito. Isso porque, em condições normais, os dividendos são contabilizados para que todos os acionistas, ordinários e preferenciais, recebam sua fatia do bolo. No entanto, a prioridade dos acionistas preferenciais pode ser uma vantagem relevante no caso de liquidação da empresa, quando não há dinheiro para todos.

Quem compra ações de uma empresa tem em suas mãos um investimento considerado arriscado, uma vez que as perspectivas econômicas da empresa podem variar bastante em um curto espaço de tempo. Quando ocorrem fatos novos que afetam direta ou indiretamente a empresa, suas ações mudam instantaneamente de valor, para cima ou para baixo. Esses fatos podem ser específicos da empresa e, nesse caso, são chamados "choques idiossincráticos". Por exemplo, a descoberta de um novo produto é um choque idiossincrático positivo para a empresa que fez a descoberta.

Por outro lado, fatos novos que afetam várias empresas em conjunto são chamados "choques sistemáticos". Por exemplo, o desaquecimento da economia é um choque sistemático negativo para as empresas de um país. No verbete "Risco sistemático e risco idiossincrático" (p. 183), mostramos que empresas mais sensíveis a choques sistemáticos são consideradas mais arriscadas pelos investidores.

Então é isso. Seja você desempregado, estudante, médico, ator, cantor, professor, o que for, você pode, do dia para a noite, ter um pedacinho (ou pedação) de uma empresa para chamar de seu. Comprar ações é investir no sistema produtivo do país. De fato, países desenvolvidos têm um mercado acionário desenvolvido. Qual é a relação de causa e efeito? Obviamente, uma relação em ambas as direções. A bolacha vende mais porque é fresquinha *e* é fresquinha porque vende mais.

Dividendos
(Maçãs)

Quando uma empresa distribui lucro para seus acionistas, dizemos que ela está pagando dividendos.

Uma empresa pode reinvestir seu lucro no negócio ou distribuí-lo entre os acionistas. Normalmente, faz um pouco de cada. A distribuição de lucro entre os acionistas é chamada pagamento de dividendos. *Dividendum*, do latim, quer dizer "algo a ser dividido". Se eu plantar uma macieira, as maçãs que eu colher são os dividendos distribuídos pela árvore.

Normalmente é a chamada Assembleia Geral Ordinária (AGO) que define quanto do lucro será pago em dividendos e quanto será reinvestido na empresa. O montante a ser distribuído é então repartido pelo número de ações da empresa (ordinárias e preferenciais), garantindo a proporcionalidade da distribuição: quem tem dez ações recebe dez vezes mais dividendos do que quem tem uma.

Mas quanto do lucro deve ser distribuído pela empresa e quanto deve ser reinvestido no negócio? Vejamos. O valor total de uma empresa é dado pelo valor presente dos dividendos futuros descontados pela taxa de retorno justa da empresa (ver o verbete "Valor justo de uma ação", p. 187, para entender isso direito). Vamos chamar essa taxa de R. Desse modo, só vale adiar a distribuição de R$ 1 por um ano − e reinvestir esse dinheiro na empresa − se a taxa a que esse reinvestimento será rentabilizado for

PARTE 2 − ECONOMIA FINANCEIRA **169**

maior do que R. O motivo é claro: só nesse caso o reinvestimento aumentará o valor da empresa.

Embora teoricamente clara, na prática essa decisão não é fácil. A dificuldade é projetar a taxa a que o reinvestimento será rentabilizado. Isso costuma gerar grandes discussões nas assembleias.

Mas, em linha com essa teoria, à medida que uma empresa vai crescendo, a escolha entre pagar dividendos ou reinvestir o lucro vai de fato pendendo para a primeira opção. Isso porque os projetos, de tão grandes, tendem a se tornar menos rentáveis. Assim, a taxa a que os reinvestimentos serão rentabilizados vai caindo, até ficar menor do que R.

O que aconteceu com a Microsoft em janeiro de 2003 é um bom exemplo disso. Até essa data, a empresa nunca havia pagado um centavo em dividendos. Em janeiro de 2003, no entanto, anunciou que distribuiria lucro aos acionistas pela primeira vez. O que ocorreu foi que a Microsoft tinha tanto dinheiro em caixa que dificilmente encontraria um projeto grande o suficiente, com rentabilidade grande o suficiente, que justificasse o reinvestimento total do lucro.

Vale notar que, quando uma empresa distribui R$ 1 em dividendos por ação, cada ação fica, automática e mecanicamente, valendo R$ 1 a menos. Por quê? Simplesmente porque quem comprar a ação da empresa um segundo após o pagamento do dividendo não receberá mais esse R$ 1. Mas perceba que essa dinâmica é totalmente inócua em termos de retorno para o acionista. O retorno de quem tem uma ação é dado por (A) o valor da ação no fim do período mais (B) os dividendos pagos pela empresa ao longo do período, dividido por (C), o valor da ação no início do período, ou seja, A + B dividido por C. Assim, quando a empresa paga R$ 1 em dividendos, A cai 1, B sobe 1 e o retorno fica inalterado.

Para entender isso direito, pensemos de novo na macieira. Com ela ocorre a mesma coisa. Quando colhemos uma maçã da árvore, ela fica com uma maçã a menos, ou seja, passa a valer um pouco menos. No entanto, ao mesmo tempo, minha barriga logo ficará com uma maçã a mais. Maravilha. Para mim, ficou elas por elas.

Títulos públicos
(Ei, você aí, me dá um dinheiro aí)

Quando o governo quer tomar dinheiro emprestado (como sempre quer), ele emite títulos públicos.

Governos arrecadam tributos e promovem gastos públicos. Em geral, gastam mais do que arrecadam. Para cobrir a diferença, tomam dinheiro emprestado. Fazem isso, principalmente, com a venda de *títulos públicos*. Neste verbete, trataremos dos títulos públicos emitidos internamente pelo governo brasileiro: os chamados títulos da dívida interna federal.

Se você quer investir seu dinheiro em renda fixa (ver o verbete "Renda fixa e renda variável", p. 163, para a definição de renda fixa), tem duas opções: emprestar dinheiro para o governo federal, comprando títulos públicos, ou emprestar dinheiro para alguma instituição privada. Em países com um mínimo de qualidade institucional, empréstimos ao governo são considerados com baixo risco de calote. Empréstimos para instituições privadas são, em geral, mais arriscados.

No entanto, há algumas modalidades de empréstimo a instituições privadas que são garantidas pelo governo: se o tomador não pagar o devido, o governo vai lá e cobre. A principal delas é a caderneta de poupança, que nada mais é do que um tipo de empréstimo para bancos (ver o verbete "Caderneta de poupança", p. 175). Outra possibilidade de empréstimo que também é garantida pelo governo é a compra de CDBs de bancos.

Na data em que escrevemos este verbete, meados de 2015, há quase R$ 2,5 trilhões aplicados em títulos públicos do governo federal e R$ 800 bilhões investidos na poupança. O objetivo deste verbete é falar um pouco sobre os R$ 2,5 trilhões – afinal, nosso verbete é sobre títulos públicos!

A grande maioria dos brasileiros que empresta recursos para o governo federal o faz indiretamente, muito provavelmente sem saber, via fundos de investimentos. Você vai lá, coloca seu dinheiro num fundo de um banco e o administrador do fundo compra títulos públicos. Simples assim. De acordo com os dados correntes, quase 70% dos R$ 2,5 trilhões emprestados ao governo federal foram processados dessa maneira. Mas há também a possibilidade de você comprar os títulos públicos diretamente do governo, uma plataforma conhecida como Tesouro Direto. Nem preciso dizer que fazendo assim você tem uma maior rentabilidade líquida, uma vez que não precisa pagar a remuneração do administrador do fundo. Também, pelo mesmo motivo, nem preciso dizer que, se você for tentar se informar sobre essa possibilidade em seu banco, seu gerente vai querer convencê-lo de que não é uma boa ideia. Não acredite nele.

Ao comprar títulos públicos, você tem atualmente três opções. Primeiro, pode emprestar ao governo federal a uma taxa já definida no momento do empréstimo, ou seja, a uma taxa prefixada. Se é isso que quer, você deve comprar o título público denominado Tesouro Prefixado (a antiga LTN) ou outro chamado Tesouro Prefixado com Juros Semestrais (a antiga NTN-F). Uma segunda opção é fazer um empréstimo a uma taxa pós-fixada, comprando o título chamado Tesouro Pós-Fixado (a antiga LFT). Nesse caso, a remuneração de seu empréstimo será amarrada à taxa básica de juros da economia (Selic) acumulada entre a data da compra e a data do vencimento do título – se a Selic subir, você recebe mais juros; se ela cair, menos. Por fim, há o título chamado Tesouro IPCA (a antiga NTN-B), que lhe permite emprestar ao governo a uma taxa de juros prefixada e, além dessa taxa, receber também a inflação acumulada entre a data da compra e a data do vencimento do título (medida pelo IPCA).

Na data em que escrevemos este verbete, há no Tesouro Direto os seguintes títulos à venda (entre outros): uma

NTN-F[4] com vencimento em dez anos oferecendo uma taxa de 12,4% ao ano e uma NTN-B com vencimento também em dez anos pagando 6% ao ano. Se supusermos que o mercado é indiferente entre comprar a NTN-F a 12,4% ao ano e a NTN-B a 6%, comparar ambas as taxas nos dá uma ideia da inflação esperada pelo mercado para o período. Por quê? Ora, como a NTN-B pagará 6% ao ano mais inflação e a NTN-F pagará simplesmente 12,4% ao ano, a inflação esperada pelo mercado, dada sua indiferença entre ambos os títulos, tem de ser 12,4% menos 6%, isto é, 6,4% ao ano, pelos próximos dez anos.

Assim, se você quer investir em renda fixa e acha que a inflação no Brasil nos próximos dez anos será menor do que os 6,4% ao ano esperados pelo mercado, o que deve fazer? Comprar a NTN-F. Afinal de contas, você espera que ela vá lhe propiciar juros reais (juros recebidos pelo empréstimo menos a inflação do período) maiores do que os 6% da NTN-B.

Entendeu? Em caso negativo, talvez seja melhor você continuar deixando o administrador do seu fundo de renda fixa comprar os títulos públicos para você. Em caso afirmativo, no entanto, saque já seu dinheiro do fundo e corra para o Tesouro Direto!

---

[4] Para que a explicação ficasse mais fácil, usamos o nome antigo dos títulos; porém, como dissemos acima, essa nomenclatura foi alterada recentemente, no início de 2015.

Caderneta de poupança
(É ruim, mas é bom)

A caderneta de poupança é uma forma de investimento de baixo risco e muito baixo retorno.

A brasileiríssima caderneta de poupança nasceu há bastante tempo, em 1861, sob a caneta de Dom Pedro II. Ela veio ao mundo juntamente com a Caixa Econômica Federal, por meio de um decreto que previa a "criação de uma Caixa Econômica que tem por fim receber, a juro de 6%, as pequenas economias das classes menos abastadas, e de assegurar, sob garantia do Governo Imperial, a fiel restituição do que pertencer a cada contribuinte, quando este o reclamar".

Os detalhes da regra de remuneração da caderneta de poupança mudaram muito ao longo do tempo, mas a ideia básica não. Desde sempre, seu objetivo foi oferecer à população um investimento simples que a protegesse da inflação.

Em 1991, foi criada a chamada Taxa Referencial (TR). A TR é calculada pelo Banco Central a partir da média das taxas de juros que os bancos estão pagando para captar recursos, aplicando a essa média um baita desconto de quase 100%. De acordo com as regras atuais, a caderneta de poupança rende 6,17% ao ano mais TR, que, por sua vez, tem andado próxima de zero.

Em termos de remuneração, atualmente, a caderneta de poupança é o segundo pior investimento de renda fixa disponível no Brasil, só ganhando do FGTS com seus terríveis 3% ao ano mais TR. Embora esse pífio rendimento relativo da caderneta seja algo rotineiro, ela é um sucesso de vendas entre pequenos investidores, tendo mais de 40 milhões de poupadores, com saldo de mais de R$ 600 bilhões. Por que será? Acho que há basicamente dois motivos para isso: não há um limite financeiro mínimo para o depósito (é possível abrir uma caderneta com R$ 1,00) e, como já dissemos, é extremamente simples investir na poupança; nem é necessário ter conta-corrente no banco. Caderneta de poupança: é ruim, mas é bom.

Prêmio de risco
(Pagando bem, que mal tem?)

A maioria das pessoas não gosta de correr riscos. Para topar enfrentá-los, elas precisam ser recompensadas. O nível da recompensa que torna o risco atrativo é o chamado prêmio de risco.

Imagine que só você fique sabendo que lá no topo do Everest tem uma mala recheada de dólares. Você vai até lá para tentar pegá-la? Se sua resposta foi algo do tipo "depende de quanto dinheiro tem na mala", você já entendeu o que é prêmio de risco.

No mundo das finanças é a mesma coisa. Suponha que o governo federal esteja vendendo hoje uma LTN de um ano (atualmente chamada de Tesouro Prefixado) por R$ 909,09. Trocando em miúdos, as pessoas podem investir hoje R$ 909,09 para receber, de maneira garantida, R$ 1.000 daqui a um ano (ver o verbete "Títulos públicos", p. 171). Ou seja, esse investimento oferece um retorno sem risco equivalente a 10% ao ano (R$ 1.000 divididos por R$ 909,09). Ao mesmo tempo, um economista sabichão disse hoje no jornal que a perspectiva para a Bolsa no período de um ano é de alta. Enfeitado com sua gravata-borboleta e todo sorridente, ele foi convicto: "No pior cenário, com 50% de chance, a Bolsa fica estável; no melhor cenário, com 50% de chance, ela sobe 20%". Se você tem R$ 909,09 para investir, o que faz? Compra a LTN ou investe na Bolsa?

Provavelmente, depois de pensar um pouco, você deve ter respondido que compra a LTN. Deve ter matutado: "De acordo com o economista, o retorno esperado da Bolsa para o próximo ano é de 10%, já que 50% × 0% mais 50% × 20% é igual a 10%. E isso é exatamente a mesma coisa que o retorno certeiro da LTN. Então, para que correr o risco de investir na Bolsa?". Foi isso mesmo que você pensou? É bem provável que sim. Afinal de contas, essa seria a lógica típica de uma pessoa avessa a riscos e, de acordo com as evidências empíricas, quase todo mundo é avesso a riscos (ver o próximo verbete, "Aversão ao risco", p. 180).

O fato é que, nesse caso, a Bolsa não está oferecendo um prêmio de risco suficientemente grande para que você considere seu risco atrativo. Na verdade, ela não está oferecendo prêmio de risco nenhum: o retorno esperado da Bolsa, um ativo arriscado, é o mesmo da LTN, um ativo livre de risco! O resultado disso qual é? Ninguém, ou pouca gente, investe na Bolsa.

PARTE 2 – ECONOMIA FINANCEIRA **177**

E foi aí que nosso economista engravatado pisou na bola. Ele não percebeu que sua previsão para a Bolsa não poderia ser válida em equilíbrio. Hein? Explicamos.

Como já vimos, nesse cenário traçado pelo economista, você, e quase todo mundo, vai querer investir na LTN, e não na Bolsa. Por causa disso, o que vai acontecer? Sim, o preço da LTN vai subir, e o valor da Bolsa vai cair. Com a LTN custando mais, o retorno oferecido por ela cai. Com a Bolsa custando menos, o retorno esperado oferecido por ela sobe. E essa gangorra de preço da LTN subindo e do preço da Bolsa caindo vai até quando? Até o momento em que a Bolsa passa a ficar tão atrativa quanto a LTN. Nesse ponto, como você se torna indiferente entre investir R$ 1 adicional na Bolsa ou no título público, os preços dos ativos se estabilizam. Apelando mais uma vez para o economês, diríamos que, nesse momento, a Bolsa passa a pagar o *prêmio de risco de equilíbrio*. Nesse equilíbrio, o retorno esperado da Bolsa será maior do que 10%, e o da LTN, menor.

Nos últimos 50 anos, a Bolsa dos Estados Unidos teve um rendimento médio de 7% ao ano. No mesmo período, a média da taxa de juros livre de risco americana foi de 1% ao ano. Desse modo, podemos dizer que, ao investir na Bolsa, os americanos esperavam receber 6% a mais do que lhes proporcionaria o investimento livre de risco. Ou seja, o prêmio de risco nos Estados Unidos no período foi de 6% ao ano.

No Brasil, o curto horizonte de estabilidade econômica nos impede de calcular o prêmio de risco da Bolsa olhando para o passado. Como o histórico é curto – temos, no máximo, 15 anos de dados –, a média do retorno passado não representa o retorno que os investidores esperam ter. Isso acontece porque não há tempo suficiente para que os retornos inesperados positivos que ocorreram se anulem com os retornos inesperados negativos.

De fato, se usarmos o passado para calcular as expectativas dos investidores, chegaremos a um resultado muito esquisito. Veja só. Se você tivesse investido R$ 1 na Bolsa em julho de 2000, em julho de 2013 teria um saldo de R$ 5,14, dada a rentabilidade do Ibovespa no período. Por outro lado, se tivesse investido em nosso ativo livre de risco (LTNs), você teria R$ 5,10 (dada a Selic do período). Pois é, quase a mesma coisa! Enquanto o Ibovespa apresentou um rendimento médio de 13,4% ao ano nos últimos 13 anos, o ativo livre de risco rendeu 13,3% ao ano!

Olhando para esses números, poderíamos concluir que os investidores brasileiros gostam muito de risco! Eles investem na Bolsa, correndo risco, e esperam receber o mesmo que receberiam investindo em um pacato título público! No entanto, muito provavelmente, não é isso, não...

Como disse acima, usar apenas 15 anos de dados históricos é muito pouco para estimar expectativas. Se fizermos janelas também de 15 anos com os dados americanos e calcularmos o prêmio de risco dentro delas, vamos encontrar valores até negativos! Já com janelas de 30 anos, as coisas ficam mais normais: o prêmio de risco é sempre positivo. Conclusão? Vamos ter que esperar até 2030 para calcular o prêmio de risco dos brasileiros a partir de dados históricos.

Aversão ao risco
(Cada um tem a sua)

Aversão ao risco é uma medida muito usada em economia para quantificar o apetite de cada indivíduo para enfrentar situações arriscadas.

Você tem um dinheiro que precisa ser investido. Um ativo A, livre de risco, tem rendimento certo de 20% após um ano. Um ativo B, arriscado, pode render 0% ou 50% após o mesmo período, com 50% de chance para cada lado. Você tem de escolher um dos dois ativos. Qual escolherá?

Você quer arrumar uma namorada e sai para dançar. Na balada, seu faro de gol identifica duas mulheres solteiras, uma linda, a outra nem tanto. Sua larga experiência lhe diz que a chance de ganhar um "não" da beldade é de 80%. Da outra, 30%. Se você se aproximar de uma, a outra verá e você perde sua chance. Ou seja, é apenas um tiro. Para quem você canaliza todo o seu charme?

Você está parado no farol, de vidro aberto. Um menino chega com a mão dentro de um saco escuro e, dizendo que tem uma arma, pede a sua carteira. Ela está recheada. Você a entrega ou acelera o carro?

Decisões sob incerteza, como os exemplos acima, são frequentes na vida de qualquer pessoa. Por isso, uma vez que a ciência econômica pretende entender como as pessoas se comportam, é fundamental que ela tenha um bom modelo teórico para representar decisões desse tipo. Dizemos que a "atitude das pessoas frente ao risco" é um dos elementos essenciais para qualquer economista.

É possível que, no primeiro exemplo acima, tenha tanto gente que prefira o ativo A como gente que prefira o ativo B. É bem provável também que, enquanto alguns decidiriam arriscar com a mulher mais bonita, outros tantos escolheriam investir na outra. Na história do assalto, acho que há pessoas que tomariam a decisão de sair acelerando o carro.

Pois é, enquanto alguns preferem um pássaro na mão, outros se arriscam a ver dois voando. E, de acordo com a teoria econômica básica, é isso mesmo: o que define a escolha das pessoas sob incerteza é a chamada "aversão ao risco". Em linhas gerais, quanto mais avesso ao risco for o indivíduo, mais ele vai preferir a opção mais segura.

Para deixar as coisas mais claras, vamos a outro exemplo. Imagine que, se você entrar em uma determinada situação arriscada, em determinada loteria, há dois cenários possíveis, ambos com 50% de chance de ocorrer. No cenário bom, você ganha R$ 1 mil. No cenário ruim, você perde R$ 1 mil. Pergunta: você pagaria algum valor para se livrar desse risco? Ou, ao contrário, pagaria algum valor para entrar nessa?

Notemos que o "valor esperado" dessa situação arriscada é igual a zero real, já que $50\% \times$ R$ 1 mil $+ 50\% \times$ (− R$ 1 mil) é igual a zero. Diante disso, vamos a algumas definições. Dizemos que uma pessoa é amante do risco se ela quer pagar algum valor positivo para entrar nessa loteria, ou seja, se o valor que ela dá à loteria é *maior* do que o valor esperado. Analogamente, dizemos que uma pessoa é avessa ao risco se ela quer pagar algum valor positivo para *não* entrar nessa loteria, ou seja, se o valor que ela dá à loteria é *menor* do que o valor esperado. Por fim, dizemos que a pessoa é neutra ao risco se ela for indiferente entre entrar ou não nessa loteria, ou seja, se o valor que ela dá à loteria é igual ao valor esperado.

A grande maioria das pessoas é avessa ao risco. E como os economistas descobriram isso? Observando dados empíricos, tanto "ao natural" como os produzidos em laboratório. Laboratório? Sim, quando possível, os economistas também fazem experimentos. E diversos experimentos têm sido feitos com o intuito de medir a aversão das pessoas ao risco. Por exemplo, um experimento bem básico seria reunir um monte de gente em uma sala e perguntar a todos individualmente a mesma coisa que perguntamos a você nos parágrafos acima.

E quão avessas ao risco são as pessoas? Em média, um pouco, mas não muito. Em outras palavras, uma pessoa-padrão não pagaria muito para se livrar da loteria mencionada acima. Os estudos indicam um valor ao redor de R$ 100.

A dinâmica da aversão das pessoas ao risco tem grandes impactos na economia. Quando a aversão ao risco aumenta − sim, há evidências de que a aversão ao risco varia no tempo −, as pessoas se livram de investimentos arriscados, colocando seus recursos em ativos mais seguros. Isso derruba o preço dos ativos arriscados (aumentando, assim, o retorno futuro esperado destes) e aumenta o preço dos ativos livre de risco (diminuindo, assim, o retorno futuro destes). Em momentos de maior aversão ao risco, por exemplo, o valor da Bolsa cai e o valor dos títulos públicos sobe.

É por isso que, quando as crises chegam, é muito comum vermos banqueiros centrais, ministros e presidentes na televisão pedindo para as pessoas manterem a calma. O que eles pretendem com isso? Influenciar algo muito seu, muito íntimo: sua aversão ao risco.

Deixar-se ou não se deixar ser influenciado? Eis aí um bom assunto para terapia.

Risco sistemático e risco idiossincrático
(Os gêmeos bivitelinos das finanças)

Risco sistemático é a covariância entre o valor do ativo e variáveis agregadas da economia. É o que importa. Risco idiossincrático, por sua vez, é a variância do valor do ativo que vem de choques não relacionados com essas variáveis agregadas. É irrelevante.

O conteúdo deste verbete é central em economia financeira. Se você assimilar direito o que está escrito nas linhas a seguir, pode se considerar um entendido em finanças. Sério. Eu diria até que é um dos verbetes mais importantes deste livro. Mas não vou dizer isso, não, porque o Carlos Eduardo pode discordar e ficar bravo. Ele morre de ciúmes dos verbetes escritos por ele.

Outro dia, no bar, um amigo veio me pedir dicas de investimento. Na conversa, ele me disse que, quando investia, olhava apenas para duas coisas: a média e a variância do retorno passado do ativo. E justificou: "O que importa é a relação risco-retorno. Um ativo com média de retorno alta e variância[5] de retorno baixa, ou seja, um baixo risco-retorno, é sinônimo de um bom investimento. Todo mundo sabe disso", ele disse.

Já embalado por umas e outras, dei uma boa risada, fiz cara de sabichão e respondi: "Se você tivesse parado sua frase no primeiro ponto-final, eu teria te dado nota 10. Pena. Você ter seguido adiante fez sua nota cair para 5. E com muita boa vontade!". Então, continuei: "A ideia de que a relação risco-retorno é o que importa na hora de decidir comprar ou não um ativo está perfeita" – como bem explicou o verbete "Prêmio de risco" (p. 176). "Agora, dizer que o risco de um ativo é dado pela variância de seu retorno é muito simplório. Não está totalmente errado, mas, sem dúvida, está muito incompleto."

Ele ficou me olhando calado por alguns segundos com uma interrogação no lugar do nariz. Foi ao banheiro. Voltou. Tomou coragem e pediu uma explicação. Eu, um pouco sadicamente, disse a ele que esperasse sair o *Economia na palma da mão*. Afinal de contas, o papo já estava ficando chato. E voltamos a falar de futebol...

O negócio é o seguinte. Quem pensa em risco de um ativo como a simples variância de seu retorno não está fazendo uma diferenciação fundamental. O retorno de um

---

[5] Variância é uma medida estatística que mede quanto uma variável varia. O peso de um recém-nascido tem variância baixa (entre dois e cinco quilos, mais ou menos). O peso de um adulto tem variância alta (de 40 a sei lá quantos quilos).

ativo, na verdade, pode variar por dois motivos muito distintos. Uma possibilidade, o motivo indireto, é quando alguma variável agregada da economia (PIB, câmbio, Bolsa etc.) se altera e, devido à exposição do ativo a essa variável, ele acaba ganhando ou perdendo valor; por exemplo, em momentos de crise, as empresas perdem valor, umas mais, outras menos. Quando os retornos mudam desse modo, os economistas dizem que ocorreram *choques sistemáticos* sobre os ativos. Outra possibilidade é quando acontece algum fato específico que afeta o ativo direta e exclusivamente – por exemplo, a descoberta de um grande poço de petróleo por uma empresa do ramo. Mudanças de preço desse tipo são chamadas de *choques idiossincráticos*.

O X da questão é que ativos que apresentam grande variância de retorno porque sofrem choques idiossincráticos altos e/ou frequentes (portanto, ativos de alto risco idiossincrático), mas não estão tão expostos às variáveis agregadas da economia (baixo risco sistemático), não devem ser considerados arriscados. Por outro lado, ativos muito expostos às variáveis agregadas da economia, mesmo que pouco sujeitos a choques idiossincráticos, esses, sim, trazem muito risco. Em outras palavras, risco é risco sistemático!

Para entender essa dedução talvez surpreendente, devemos considerar a possibilidade de construir uma carteira de investimento que combine vários ativos. Meu amigo estava pensando em um ativo isoladamente, e esse foi seu grande pecado: de fato, quando falamos de investimento, devemos pensar numa escolha *conjunta* entre todos os ativos disponíveis. A partir daí, choques idiossincráticos, embora relevantes quando pensamos em ativos isolados, não têm a menor importância para uma carteira diversificada. Sem exagero, o efeito deles no retorno da carteira é bem próximo de zero.

Intuitivamente, quando misturamos vários ativos em uma carteira, sabemos que os choques idiossincráticos individuais se anulam. Enquanto uma empresa descobre um poço de petróleo, outra revela uma fraude contábil. Enquanto uma terceira apresenta um balanço que surpreende positivamente o mercado, uma quarta anuncia o fracasso de uma pesquisa milionária. E por aí vai. É como se cem pessoas tivessem de falar todos os dias um número inteiro entre -5 e 5. Qual seria a média diária dos números falados? Pois é, muito próxima de zero.

Com um choque idiossincrático anulando o outro, toda a variação do retorno da carteira vem então dos choques sistemáticos sobre cada um dos ativos. Assim, é apenas a exposição de cada ativo às variáveis econômicas agregadas que deve ser considerada risco. Quanto maior a exposição de um dado ativo a uma variável agregada, maior sua contribuição para o risco da carteira.

Esse resultado, muito poderoso, vai contra a intuição popular. E é por isso que o consideramos interessantíssimo. Assim, lembre-se: da próxima vez que for avaliar o risco de um ativo, não olhe para sua volatilidade, mas sim para sua exposição (medida pela covariância) às variáveis agregadas da economia. Quais variáveis? Leia mais à frente o verbete "Fatores de risco" (p. 191). E bons investimentos.

Valor justo de uma ação
(O diabo está nos detalhes)

> O valor justo de uma ação é dado pelo valor presente dos dividendos futuros esperados, que devem ser descontados (trazidos a valor presente) pelo retorno requerido pelo acionista. O retorno requerido pelo acionista depende do risco da empresa.

Você espera que uma empresa distribua R$ 10 em dividendos anuais por ação, para sempre. Essa sua projeção já está ajustada para a inflação futura – ou seja, os R$ 10 estão em moeda corrente. Quanto você deve pagar por uma ação dessa empresa?

Se você já estudou um pouco de matemática financeira, deve ter respondido rapidamente: "O valor presente desse fluxo de dividendos, é óbvio!". Se essa foi mesmo a sua resposta, em princípio não está errada, mas você ainda tem muito a aprender com este verbete. Essa é a resposta típica de quem ainda não tem alguns conceitos de economia financeira firmes na cabeça.

O que acontece é que, com essa resposta, você omitiu a variável central do problema de *valuation*[6]: a taxa que deve ser usada para calcular o valor presente do fluxo. Ué, mas essa taxa não é óbvia? Não é a taxa de juros da economia? Ou, mais precisamente, não é a taxa de juros usada para os investidores conseguirem tomar empréstimos? Não, não é.

---

[6] *Valuation* é o termo normalmente usado para se referir à avaliação do valor de uma empresa.

PARTE 2 – ECONOMIA FINANCEIRA **187**

Na verdade, a taxa que deve ser usada para calcular o valor presente do fluxo (a chamada taxa de desconto do fluxo) só poderia ser essa taxa de empréstimos da economia em dois casos muito especiais: se você não tiver nenhuma dúvida sobre essa projeção de dividendos anuais de R$ 10 ou se você for neutro ao risco. No primeiro caso, você teria de ter certeza absoluta de que a empresa vai lhe pagar todo ano R$ 10 corrigidos pela inflação, o que é irreal; afinal, os resultados futuros das empresas são incertos. No segundo caso, você teria de ser uma pessoa muito diferente das demais, pois a evidência empírica aponta que quase todo mundo é avesso ao risco (ver o verbete "Aversão ao risco", p. 180). Note que o elemento comum em ambos os casos é a irrelevância do risco, seja porque ele não existe, seja porque você não liga para ele. Desse modo, em geral, a taxa de desconto do fluxo não deve ser a taxa de empréstimos da economia. Ela é ruim, pois não leva em conta o risco da empresa.

Mas como incorporar esse risco na taxa de desconto? Ou, em outras palavras, como calcular a taxa de retorno requerida por você para investir na ação, ou seja, a taxa que lhe recompensa pelo risco da empresa?

Quem já leu o verbete "Risco sistemático e risco idiossincrático" (p. 183) está um pouco mais adiantado nesta conversa. Lá concluímos que o que importa para calcular o risco de um ativo é a covariância[7] entre o valor do ativo e as variáveis agregadas da economia, o chamado risco

---

[7] Covariância é uma medida estatística que mede o quanto uma variável anda junto com outra variável. Por exemplo, a altura de uma pessoa tem covariância alta com o peso: pessoas mais altas normalmente pesam mais.

sistemático. O risco idiossincrático, ou seja, a variância do valor do ativo que vem de choques não relacionados com essas variáveis agregadas, é irrelevante, uma vez que conseguimos eliminá-lo pela diversificação.

No modelo de apreçamento de ativos mais utilizado no mercado, o CAPM, o risco de uma empresa é dado pela covariância entre o retorno de sua ação e o retorno do índice de mercado – aqui no Brasil, o Ibovespa. A ideia é que empresas que não vão tão mal quando o mercado vai mal (ou seja, têm covariância baixa com o mercado) são menos arriscadas, uma vez que oferecem proteção contra as oscilações do mercado. Como somos avessos ao risco, gostamos de pouca oscilação.

Assim, de acordo com o CAPM, calculamos a taxa de retorno justa para uma empresa da seguinte maneira. Primeiro, calculamos a covariância entre o retorno da empresa e o retorno do índice de mercado (essa covariância é o risco da empresa). Em seguida, multiplicamos o risco da empresa pela média da aversão ao risco dos investidores. Somando-se a isso a taxa livre de risco da economia, chegamos à taxa de retorno justa para a empresa.

Note que para empresas com covariância igual a zero, ou seja, empresas com zero risco, a taxa de retorno justa para elas será igual à taxa livre de risco da economia. Note ainda que para empresas com covariância negativa (empresas que vão bem quando o mercado vai mal e vice-versa, as quais, na prática, quase não existem), ou seja, empresas com risco negativo, a taxa de retorno justa seria menor do que a taxa livre de risco da economia (lógico, essas empresas funcionariam como um seguro!). Por fim, todas as empresas com covariância positiva têm de pagar um prêmio de risco positivo, ou seja, a taxa de retorno justa para elas é maior do que a taxa livre de risco da economia. E quanto maior a covariância, maior o prêmio.

Voltando ao nosso exemplo do primeiro parágrafo, suponha que a covariância do retorno anual da empresa com o retorno anual do mercado seja igual a 0,04, a aversão média ao risco dos investidores seja igual a 2 e a taxa livre de risco da economia seja 8% ao ano (real, ou seja, livre de inflação). Qual seria o retorno que a empresa deveria oferecer para compensar seu risco? De acordo com o CAPM, 8% + 4% × 2 = 16% ao ano. Assim, nesse caso, o valor justo de uma ação da empresa seria igual a R$ 10 dividido por 0,16, o que dá R$ 62,5. Isso é o valor presente dos R$ 10 anuais descontados a 16% (se você não entendeu essa conta, dê uma olhada em um livro de matemática financeira, na parte de "perpetuidades").

A taxa de desconto não é um detalhe. Ela tem um impacto brutal no valor da empresa. Por exemplo, se usássemos a taxa livre de risco da economia para calculá-lo, chegaríamos a R$ 125. Na verdade, a grande dificuldade na hora de calcular valores justos para empresas não está na projeção dos dividendos futuros, mas sim na definição da taxa de desconto.

Nesse sentido, hoje é sabido que o CAPM não é capaz de captar todo o risco sistemático de um ativo. Há modelos mais completos para isso, em que covariâncias com outras variáveis agregadas da economia são também relevantes na definição do risco sistemático. Quais variáveis? Veja a seguir, no verbete "Fatores de risco".

Fatores de risco
(Diga-me com quem andas e te direi quem és)

Fatores de risco são variáveis que funcionam como termômetros do estado da economia e dizem se ela vai bem ou mal. Se um ativo covaria pouco com um fator de risco, ele é pouco arriscado, já que oferece proteção ao investidor.

Os retornos dos ativos podem variar indiretamente, em função de variáveis agregadas da economia, ou diretamente, devido a choques específicos nos ativos. Falamos sobre isso no verbete "Risco sistemático e risco idiossincrático" (p. 183). Quando montamos uma carteira de investimento bem diversificada, como dissemos lá também, conseguimos proteger o investimento dos choques idiossincráticos. Por causa disso, "nos finalmentes", só a vulnerabilidade dos ativos aos choques sistemáticos é que importa na hora de dizer se eles são muito ou pouco arriscados.

Acho que isso já foi bem discutido. No entanto, até agora não fui muito preciso na definição do que são essas tais variáveis agregadas da economia que afetam o retorno dos ativos, os chamados "fatores de risco". E isso é fundamental.

Há dois tipos de fatores de risco: os *fatores macro*, relacionados a fundamentos da economia, e os *fatores financeiros*, que são retornos de carteiras de investimento específicas. Vamos falar primeiro dos fatores macro.

É intuitivo que variáveis macroeconômicas afetem os retornos dos ativos. Quando o crescimento econômico é baixo ou a inflação é alta, por exemplo, todas as empresas da economia são afetadas, umas mais, outras menos. E por que a exposição dos ativos a essas variáveis significa risco? É simples: porque os fatores macro são bons termômetros para determinar se a economia vai bem ou mal. Investir em empresas que andam muito coladas nos fatores macro, portanto, não oferece proteção contra o vai e vem da economia. Assim, essas empresas são consideradas arriscadas.

Há três fatores macro normalmente utilizados: crescimento econômico, inflação e volatilidade da economia. Naturalmente, esses fatores decorrem de modelos teóricos. Basicamente, o desafio de quem constrói esses modelos teóricos, na linha do que foi dito no parágrafo anterior, é mostrar que essas variáveis são relevantes para qualificar o estado da economia em bom ou ruim.

As empresas são muito expostas ao fator "crescimento econômico": ganham valor quando o crescimento é alto. Títulos públicos e privados, por outro lado, oferecem proteção com relação a esse fator: quando o ciclo econômico é ruim, os juros da economia tendem a ser reduzidos e, assim, os títulos sobem de preço. Por causa disso, o retorno médio que os títulos têm de oferecer pode ser menor do que o retorno médio das ações. E de fato é.

O fator "inflação", por sua vez, afeta negativamente tanto o valor das empresas como o valor dos títulos. Na verdade, em períodos de alta inflação, quase todos os ativos da economia perdem valor. Ativos indexados à inflação são a exceção, por exemplo, as NTN-Bs (ver o verbete "Títulos públicos", p. 171). O papel desses ativos é exatamente proteger os investidores contra esse fator de risco, e, por isso, podem se dar ao luxo de pagar retornos médios menores. E de fato pagam.

O fator "volatilidade", por fim, mede a incerteza dos agentes com relação ao futuro. Calcular esse fator de risco não é tão simples como medir o crescimento da economia ou a inflação. Se meramente olharmos para a volatilidade apresentada por algumas variáveis econômicas no passado, não teremos uma boa medida do fator volatilidade. Por quê? Ora, porque, como dissemos, esse fator tem a ver com a incerteza com relação ao futuro, e volatilidade passada não significa necessariamente volatilidade futura. Então como fazemos?

Uma estratégia é usar o mercado de opções financeiras. Ao ler o verbete "Derivativos" (p. 214), você vai entender melhor o que é a chamada "opção de compra". Porém, aqui, vale dizer que, ao se observar a dinâmica dos preços das opções disponíveis no mercado, temos como deduzir a incerteza dos agentes com relação ao futuro. Aí, a partir dos preços das opções, temos uma medida de previsão da volatilidade da economia.

A correlação entre o retorno das ações e o fator volatilidade é muito alta em termos absolutos (é bem negativa). Em períodos ruins, de alta incerteza, as empresas perdem bastante valor. O retorno dos títulos de renda fixa, por sua vez, são bem menos correlacionados com esse fator macro.

Temos, então, mais um motivo para ações pagarem retorno médio maior do que os títulos.

Com os fatores macro bem entendidos, vamos falar agora dos fatores financeiros. O mais conhecido deles é o *retorno da carteira de mercado* (no Brasil, o Ibovespa, por exemplo). De acordo com o modelo CAPM, ativos mais expostos ao retorno da carteira de mercado são mais arriscados. A lógica aqui é a mesma dos fatores macro. O retorno de mercado é um bom termômetro para o estado da economia: o Ibovespa cai em períodos ruins e sobe em períodos bons. Assim, ativos com alta correlação com o Ibovespa não oferecem proteção aos investidores e, por isso, são mais arriscados. Devem, portanto, pagar retornos médios maiores.

Até meados da década de 1990, o retorno de mercado era o único fator financeiro de risco utilizado. Desde então, porém, outros fatores financeiros começaram a surgir. Como? Por quê? Vamos explicar, mas atenção: o motivo aqui é um pouco mais sutil.

Alguns acadêmicos começaram a perceber que havia alguma coisa estranha com o retorno acumulado de alguns ativos. O retorno médio de empresas pequenas, por exemplo, era consistentemente bem maior do que o retorno médio de empresas grandes. E por que isso era estranho? Empresas pequenas não são mais arriscadas do que empresas grandes e, portanto, não têm de pagar retornos maiores?

Não de acordo com os fatores macro e o fator financeiro de retorno de mercado! Para ser mais exato, a exposição de empresas pequenas a esses fatores não era grande o suficiente para explicar o tamanho da diferença de retorno entre empresas grandes e pequenas. Hum... Aí a coisa de fato fica estranha... Se o retorno médio das empresas pequenas não estava compatível com seu risco (muito retorno para pouco risco), de duas, uma: ou o mercado não estava agindo eficientemente ou o conjunto de fatores de risco não estava completo. Concordam?

Pois bem, assumindo que era pouco provável que o mercado, durante tanto tempo, não estivesse percebendo que havia uma estratégia tão óbvia (comprar ações de empresas pequenas e vender ações de empresas grandes) que tinha uma relação risco-retorno superfavorável, os acadêmicos concluíram que estava faltando algum fator de risco na história. E qual era ele? Na falta de algo melhor, começaram a usar o retorno de uma carteira de ações comprada em ações de empresas pequenas e vendida em ações de empresas grandes ("venda a descoberto", ver o verbete na p. 203). Por que isso? Muito simples. Porque, em tese, empresas pequenas teriam uma exposição positiva a esse fator, enquanto empresas grandes teriam uma exposição negativa.[8] Com isso, o excesso de retorno de empresas pequenas perante seu risco estava resolvido. A esse fator financeiro foi dado o nome de SMB (do inglês *small minus big* – empresas pequenas menos empresas grandes).

A mesma história ocorreu em empresas com baixa razão entre valor de mercado e valor contábil. Na mesma época, os acadêmicos perceberam que empresas com essa razão baixa (chamadas "empresas valor") pa-

---

[8] Como a carteira é comprada em ações de empresas pequenas e vendida em ações de empresas grandes, quando empresas pequenas forem bem, a carteira vai bem, e quando empresas grandes forem bem, a carteira vai mal.

gavam retornos médios muito maiores do que empresas com razão alta (chamadas "empresas crescimento"). E, assim como no caso das empresas pequenas, as exposições das empresas valor aos fatores de risco tradicionais não conseguiam explicar essa diferença. Com a mesma lógica discutida no parágrafo anterior, foi incluído no modelo de fatores um fator financeiro que era o retorno de uma carteira de ações comprada em empresas valor e vendida em empresas crescimento. A esse fator foi dado o nome de HML (do inglês *high minus low* – alta razão menos baixa razão).

Empiricamente, os fatores SMB e HML foram um sucesso. A razão disso é que, além de explicarem a diferença de retorno entre empresas pequenas e grandes e entre empresas valor e empresas crescimento (o que, por construção, eles faziam), o poder de explicação do retorno médio de vários outros ativos aumentou com a inclusão desses fatores. Veio então, a reboque, uma extensa literatura teórica tentando explicar o motivo de a exposição ao SMB e ao HML serem risco. Essa literatura ainda está em pleno desenvolvimento.

Depois de tanta conversa, vamos finalmente ao resumo da ópera. Os fatores de risco mais bem-aceitos hoje em dia são: crescimento econômico (normalmente usa-se o crescimento do consumo), inflação, volatilidade, retorno de mercado, SMB e HML. Em finanças, a exposição dos ativos a esses fatores é o que chamamos de risco. Ativos mais expostos pagam, ao longo do tempo, retornos maiores para os investidores.

Retorno controlado pelo risco
(Ah, Mister M...)

O chamado "retorno controlado pelo risco" mede se seu fundo de investimento é realmente bom.

Outro dia, um amigo me disse que o gestor que cuidava do fundo de investimentos onde ele aplicava dinheiro devia ser um gênio: "Nossa, Bruno, impressionante. Desde que investi nesse fundo de ações, há uns quatro anos, ele rende mais do que o Ibovespa! Esse fundo é muito bom! Você tem de pôr seu dinheiro lá!". Eu fiz uma cara de impressionado e pedi que ele mandasse o histórico mensal da rentabilidade do fundo. Ele mandou. De fato, o fundo tinha batido o mercado no período. Mas será que o gestor era mesmo um mago das finanças?

Não necessariamente! Você leu o verbete "Prêmio de risco" (p. 176)? Se leu, ótimo. Se não, volte lá, leia e volte aqui. Lá dissemos que, quanto mais arriscado for um ativo, maior o retorno médio que ele tem de pagar. É isso. Para que as pessoas topem segurar esse ativo, elas têm de ser recompensadas pelo risco, ganhando, em média, um retorno maior.

Assim, sempre que um economista financeiro se depara com um ativo A que paga em média um retorno maior do que um ativo B, o que ele pensa? Que o ativo A deve ser mais arriscado do que o ativo B, claro! Caso contrário, todos iriam correndo comprar o ativo A, ele subiria rapidamente de preço, e seu retorno médio futuro deixaria de ser maior que o de B.

Portanto, é muito fácil um gestor de fundo conseguir retornos médios maiores. Basta ele investir em ativos mais arriscados! Ao longo do tempo, esses ativos pagarão retornos maiores. É fato. Por causa disso, para avaliar a qualidade de um gestor, devemos calcular o retorno médio do investimento descontando seu risco! Ou, como chamamos, o "retorno controlado pelo risco". Mas como calcular uma coisa dessas? Isso vai ser explicado no próximo parágrafo. Porém, para entender, você vai ter de saber um pouquinho, o básico do básico, de econometria.

Nos dois últimos verbetes, explicamos o que deve ser entendido como risco: a covariância do retorno do investimento com os fatores de risco da economia. Assim, para calcularmos o retorno controlado pelo risco, basta estimarmos uma regressão de mínimos quadrados ordinários do retorno do investimento nos fatores de risco. O resíduo dessa regressão é o retorno do investimento controlado pelo risco. Ou seja, o retorno controlado pelo risco é o retorno total menos o risco sistemático. A constante dessa regressão é a média do retorno controlado pelo risco. É para ela que devemos olhar para avaliar se um gestor consegue produzir bons retornos sem risco.

E o mago das finanças do meu amigo? Me senti o Mr. M, desvendando os truques do cara! "Ah, Mister M, paladino mascarado...", como dizia o Cid Moreira. É óbvio que a constante da regressão não era estatisticamente significativa (era, portanto, igual a zero)! Por que dissemos "é óbvio"? Por causa do que está escrito no verbete "Prêmio de risco" (p. 176): um ativo só pode pagar retorno médio maior do que outro se for mais arriscado. Caso contrário, o mercado não seria eficiente. E a ideia de eficiência de mercado será tratada em outro verbete a seguir, "Hipótese dos mercados eficientes" (p. 209).

Fundos de investimento
(Passivo ou ativo?)

Fundo de investimento é um estoque de capital financeiro pertencente a vários investidores, usado para comprar ativos coletivamente. O que comprar, quando comprar, como comprar é decidido por profissionais pagos pelos investidores, os administradores do fundo. Toda a operação do fundo fica a cargo desses profissionais.

Há diversos tipos de fundos de investimento. A principal diferença está nos ativos que os fundos compram. Há fundos que só investem em alguns tipos de ativos – por exemplo, fundos de ações, que compram ações; fundos cambiais, que compram dólar; e fundos DI, que compram títulos do governo pós-fixados. Outros misturam várias classes de ativos e são chamados fundos multimercado.

Ativos e fundos para todos os gostos. Por "gostos", aqui, queremos dizer duas coisas: 1) aversão ao risco do investidor e 2) horizonte de investimento. Esses dois parâmetros são cruciais na hora de você escolher seus ativos – e, por tabela, seus fundos de investimento –, e, quando ambos aumentam, eles o levam em direções opostas na sua escolha.

Por um lado, obviamente, quanto mais avesso ao risco você for, mais deve escolher fundos que invistam em ativos menos arriscados. Por outro lado, e talvez menos óbvio, quanto maior seu horizonte de investimento, mais você pode – e deve – arriscar. Por exemplo, o fundo ideal para alguém bem avesso a risco, mas cujo objetivo é investir para sua aposentadoria, pode muito bem ser o mesmo fundo ideal para alguém muito pouco avesso a risco, mas que queira investir com objetivos de mais curto prazo (comprar um carro no próximo ano, por exemplo).

E por que o perfil de seu investimento deve ir se tornando mais arriscado à medida que seu horizonte de investimento aumenta? Quem já leu os verbetes "Prêmio de risco" (p. 176) e "Retorno controlado pelo risco" (p. 197) deve estar com a resposta na ponta da língua: porque ativos mais arriscados pagam, no longo prazo, retornos maiores! Lógico, eles têm de compensar o investidor pelo risco adicional. Assim, se o tempo durante o qual você pretende segurar o ativo arriscado é suficientemente longo, é muito provável que ele lhe pague um bom retorno. No Brasil, por exemplo, quando houve queda dos juros, os fundos de pensão passaram a ter em suas carteiras uma maior participação de ações, o que é bem razoável, dado o horizonte longo dos investimentos.

Uma questão que sempre surge é se vale a pena colocar o dinheiro em fundos de investimento ou investir por conta própria. Essa dúvida sempre surge porque a melhor opção de fato não é clara. Por um lado, aplicando em fundos, você tem seus recursos geridos por profissionais que, em tese, conseguem investir melhor do que você; afinal de contas, ficam o dia todo pensando nisso. Por outro, você tem de pagar para esses profissionais a taxa de administração do fundo, que come boa parte da sua rentabilidade. Vale a pena? Para entender isso melhor, vamos fazer mais uma distinção entre os fundos: os *passivos* e os *ativos*.

Fundos passivos são aqueles que adotam uma estratégia passiva de investimento. Por exemplo, compram um pouco de títulos públicos, investem um pouco no índice da Bolsa e deixam um pouco em caixa. O administrador de fundos, nesse caso, define as proporções de cada investimento no começo, e, a partir daí, é coçar a barriga e tocar o barco. De vez em quando, ele vende um titulozinho aqui, compra outro ali, mas sem grandes emoções. E, pasmem, ele cobra uma taxa de administração nada desprezível por isso; hoje, em média, 1% ao ano, que é coisa muito grande diante dos juros atuais (de 2015).

Vale investir em um fundo assim? Em geral, não. Vale só em dois casos. Um: você tem muita preguiça de ir até uma corretora e abrir uma conta, onde você mesmo pode, sem trabalho nenhum, replicar a estratégia do fundo passivo. Dois: você tem urticária só de ouvir falar de mercado financeiro, ações, títulos etc. (o que é improvável, já que está lendo este livro).

Quanto aos fundos ativos (ou *hedge funds*), a conclusão já não é tão simples. Ao contrário dos fundos passivos, nesses o administrador fica mexendo com seu dinheiro com maior frequência. Estuda as empresas, vende uma ação, compra outra, usa algoritmos para ajudar nas decisões, discute as oscilações do mercado loucamente e o modo como isso afeta seus investimentos – "o desemprego nas ilhas Fiji caiu 1%", "o pedido de auxílio-desemprego no Polo Norte subiu 0,5%", e por aí vai.

Bom, esses, sim, trabalham e, por consequência, conseguem trazer em média uma rentabilidade adicional. Mas então por que a conclusão não é óbvia? Porque, antes de chegar a ela, precisamos fazer duas coisas: descontar o que eles cobram e controlar o retorno obtido por eles pelo risco assumido. E aí complica.

Fundos ativos cobram uma taxa de administração de, em média, 2% ao ano, além de, normalmente, uma taxa de *performance*. Essa última "come" ao redor de uns 20% da rentabilidade que exceder a meta do fundo. Por exemplo, para os fundos que investem em ações, a meta geralmente é render mais do que o Ibovespa. Juntando esses custos, a mordida na rentabilidade é bem grande. Mas, como dissemos, não acaba aí. Além disso, mesmo que o que tinha sobrado da rentabilidade ainda seja razoável, é necessário controlar esse retorno pelo risco da estratégia de investimento do fundo. Quem já leu o verbete "Retorno controlado pelo risco" (p. 197) sabe do que estamos falando. Quem não leu, corre lá.

É para a rentabilidade que sobra depois dessas contas que temos de olhar ao avaliar se vale ou não a pena investir no fundo. E é aí que vem a confusão. Há estudos apontando para tudo quanto é lado. Na verdade, eu diria que uma fraca maioria conclui que não vale a pena investir nesses fundos ativos, ou que os fundos ativos que rendem bem são aqueles que correm mais riscos.

No entanto, a indústria de fundos ativos (*hedge funds*) vem crescendo a taxas muito grandes pelo mundo. Dizem que ela nasceu em 1966 nos Estados Unidos, com um artigo na revista *Fortune* que fazia publicidade de alguns fundos que conseguiam *performance* muito superior aos fundos tradicionais da época. A partir daí, os passos foram largos. Hoje, as estimativas são de que o total investido em *hedge funds* nos Estados Unidos ultrapasse um trilhão de dólares (por volta de 0,6% do PIB).

Assim, mais um enigma para nós, pobres economistas. Por um lado, as contas deixam claras dúvidas sobre se vale a pena investir em *hedge funds*. Por outro, de acordo com o tamanho dessa indústria, os investidores parecem não estar dando muita bola para isso. Será que esses investidores precisam ler este *Economia na palma da mão*? Quanta pretensão!

Venda a descoberto
(Vender sem ter? Pode isso, Arnaldo?)

Vender a descoberto é vender uma ação de uma empresa sem ter essa ação.

Vender sem ter? Como assim? É algum tipo de estelionato? Não! Falando assim, "vender sem ter", fica até parecendo. Mas não é. Na verdade, é uma operação muito importante que, em condições normais, faz muito bem ao mercado financeiro. Certo, tenho de me explicar.

O Carlos Eduardo, o outro autor deste livro, é um analista econômico sagaz. Ele acompanha a conjuntura econômica do Brasil com olhos de lince. Tudo está sempre sob a lupa desse grande economista. Ele é tipo um Sherlock Holmes dos mistérios econômicos. Já eu tento ser seu Watson. Nos almoços na faculdade, tiro o maior proveito possível da sua sapiência. Sempre pergunto a ele como andam a conjuntura econômica, os juros, o câmbio, as perspectivas dos setores e das empresas. Um dia, o Carlos Eduardo me disse: "De acordo com meus modelos econômicos, o preço do minério de ferro vai cair bastante, uns 30%, nos próximos dias". "Como assim, por quê?", perguntei. "Elementar, meu caro Bruno." E me explicou sua rica e elegante teoria.

Confesso que não entendi muito bem. Ele fala um pouco rápido demais, emenda uma coisa na outra, e não raro fala de boca cheia. Mas não dá para negar: é sempre genial. Como nunca vi nenhuma de suas previsões fazerem água, era fato: o preço do minério de ferro iria cair 30%. Logo pensei na Vale do Rio Doce, que, como grande exportadora de ferro, sofreria com a queda do preço do minério. As ações da empresa fatalmente perderiam valor. Pensei: "Se eu tivesse ações da Vale em minha carteira de investimento, seria melhor vender". Mas eu não tinha, ainda bem. No entanto, para faturar algum dinheiro com essa preciosa informação, decidi vender ações da Vale a descoberto. Vendê-las sem ter, isso mesmo. Eu as venderia e, quando elas caíssem de preço, eu as recompraria a um preço mais baixo e sairia no lucro.

Vender sem ter funciona da seguinte maneira. Como eu não tenho nenhuma ação da Vale, eu não posso simplesmente vendê-las para alguém. Afinal de contas, como iria entregar, não é? Assim, a operação de venda a descoberto exige que, antes de vender, eu alugue a ação de alguém que tenha. Exatamente como eu alugaria um apartamento, ou qualquer outra coisa. Chego para alguém que tem Vale na carteira de investimento e faço um contrato de aluguel. O dono da ação me dá uma quantidade X da ação hoje e eu devolvo essa mesma quantidade daqui a um número predefinido de dias, pagando um valor por esse aluguel. A partir daí, a operação de venda a descoberto se torna possível: ao receber a ação do meu locador, eu a vendo no mercado. Na data que termina meu aluguel, recompro a ação e a devolvo para o locador. Meu ganho (ou perda) então é: o preço de venda na data do início do aluguel menos o preço de recompra na data do fim do aluguel, menos quanto eu paguei pelo aluguel.

Imagine, primeiro, que tal operação não fosse possível. Por exemplo, suponha que não tivesse ninguém no mercado disposto a alugar a ação a um preço razoável, ou até mesmo que o governo não permitisse esse tipo de operação. O que aconteceria? Pois é. Mesmo achando fortemente que a ação iria se desvalorizar, eu não teria o que fazer. Como resultado, aquela preciosa informação que recebi do Carlos Eduardo morreria comigo: não iria para o preço da ação.

Assim, o grande benefício da existência desse mercado de venda a descoberto é que ele permite que ocorra um maior e mais eficiente fluxo de informações das pessoas para os preços dos ativos. De fato, a partir da minha venda a descoberto de ações da Vale, investidores atentos ficaram

PARTE 2 – ECONOMIA FINANCEIRA **205**

sabendo que havia alguém no mercado que achava que a ação estava sobrevalorizada. Se soubessem que essa pessoa estava se baseando em análises do Carlos Eduardo, saberiam que isso era um fato.

Bolhas financeiras
(Como uma onda no mar)

As chamadas bolhas financeiras acontecem quando o preço de um ativo fica maior do que seu preço justo ou fundamental.

As bolhas financeiras crescem, crescem, crescem e, de repente, estouram. Normalmente, crescem por alguns anos e estouram em algumas semanas ou até dias. O mundo já viveu várias bolhas famosas: a bolha das tulipas na Holanda ("Tulip Mania", 1634-1637), a bolha do Mississippi ("Mississippi Bubble", 1719-1720), a bolha do Mar do Sul ("South Sea Bubble", 1720), a bolha dos anos 1920 precedendo o *crash* de 1929 ("the Roaring 20s") e, mais recentemente, a bolha da internet ("DotCom Bubble", 1997-2000). Antes de prosseguir na leitura deste verbete, faça uma pesquisa sobre esses eventos históricos. Vale a pena.

Já pesquisou? Mesmo? Muito bem, vamos em frente, então. Bolhas existem. Isso é fato. Se o preço de um ativo sobe, sobe, sobe e de repente, sem nenhuma grande novidade, despenca, existia (por definição) uma bolha – nos eventos citados no parágrafo anterior aconteceu exatamente isso. No entanto, muita atenção: a parte "sem nenhuma grande novidade" é fundamental! Caso contrário, não é bolha. Se o cenário econômico mudou de repente, se onde todos achavam que havia petróleo tinha apenas gás metano, se aquele grande presidente sofreu um infarto e o país ficou na mão do vice incompetente, se aconteceu qualquer mudança relevante como essas e, por causa disso, os preços despencaram, não era bolha! Ocorreu simplesmente uma mudança abrupta das expectativas baseada em um bom motivo, os famosos choques. Quanto a isso, não tem o que fazer, é a vida...

Já as bolhas são bichos bem estranhos e precisam ser compreendidos. Todo mundo feliz, comprando, comprando e comprando, e, num piscar de olhos, sem mais nem menos, todos mudam de ideia? Como assim? Os preços dos ativos afetam a economia real. Por isso, é muito importante entender as circunstâncias nas quais essas bolhas ocorrem. Como explicar teoricamente (i) o surgimento, (ii) a evolução e (iii) o estouro dessas bolhas?

Bolhas são, sem dúvida, uma das grandes pedras nos sapatos bem engraxados dos economistas. Há uns 40 anos, não tínhamos a menor ideia de como explicar (i), (ii) e (iii). Era bem vergonhoso. Quando alguém no bar falava em bolha, o economista saía andando na hora rumo ao banheiro. Voltava depois de um tempão, com cara de bolha, e pedia um caubói duplo.

A partir de 1970, no entanto, isso foi melhorando. Começaram a surgir diversos modelos que foram clareando o horizonte. Hoje, as perguntas "por que as bolhas perduram por tanto tempo?" e "por que as bolhas estouram?"

já não são mais tão enigmáticas. Por outro lado, ainda não entendemos como elas surgem. Bom, vamos falar um pouco sobre o que já entendemos.

Há algumas histórias, teoricamente consistentes, que explicam a existência e a evolução de uma bolha. Uma delas nos ensina que, mesmo que todos os investidores saibam que os preços estão acima dos fundamentos, a bolha ainda pode continuar a crescer. Como? Simples: basta que nem todos saibam que todos sabem disso. Nesse caso, os investidores que se acham os top sabichões veem uma oportunidade de surfar por um tempo na bolha; e aí os preços altos, aparentemente irracionais, podem perdurar.

Outra possibilidade é que um grupo saiba que os preços estão errados, mas outro grupo não. Ué, mas você que já leu o verbete anterior, "Venda a descoberto", deve estar se perguntando: o grupo informado não pode fazer os preços voltarem ao nível justo pela venda a descoberto? Não necessariamente. Em primeiro lugar, podem existir restrições à venda a descoberto (por exemplo, por causa de baixa oferta de aluguel da ação sobrevalorizada). Além disso, se o grupo informado estiver incerto quanto ao tamanho do grupo não informado, eles ficam com medo de vender a descoberto e, mesmo assim, a bolha continuar crescendo por algum tempo, o que os levaria a perder dinheiro.

Como dizem lá fora, *"leaning against a bubble is very risky"* – ou seja, apoiar-se em uma bolha é bem arriscado. Esse risco é ainda maior porque há o problema de coordenação dos informados. Cada informado tenta adivinhar quando o outro informado vai atacar a bolha. Isso é muito complicado, uma vez que esse pessoal todo não se torna sabichão ao mesmo tempo – e não sabe em que lugar da fila está.

OK. Tendo algumas histórias que explicam como as bolhas conseguem evoluir, como podemos então racionalizar o estouro das bolhas de uma hora para a outra? O final do parágrafo anterior nos dá uma dica. Notícias relativamente insignificantes podem disparar o estouro da bolha! Por quê? Pense... Não falamos que o problema de coordenação dos informados é importante para manter a bolha crescendo? Então! Uma notícia pouco importante pode permitir que os informados sincronizem suas vendas. Aí, *bye-bye bubble*. De fato, diversos estudos empíricos têm apresentado evidências que apoiam essa hipótese.

Por fim, como podemos explicar o surgimento das bolhas? Com licença, com licença, preciso ir ao banheiro. E, garçom, por favor, me traga um caubói duplo.

Hipótese dos mercados eficientes
(O nome leva a grandes mal entendidos)

A hipótese dos mercados eficientes (HME) diz que não há "almoço grátis" no mercado financeiro, ou seja, não dá para ganhar dinheiro sem correr riscos.

De maneira um pouco mais rebuscada, a HME afirma que o mercado financeiro é informacionalmente eficiente: toda informação disponível no mercado já está refletida no preço do ativo. Desse modo, comprar um ativo a seu preço de mercado propiciará a você nada mais, nada menos, do que o retorno esperado exatamente proporcional a seu risco.

Preste atenção: a HME não diz que não é possível obter retornos esperados altos no mercado financeiro! Como já apontamos em outros verbetes, isso é possível, sim: basta que você invista em ativos mais arriscados! O que ela diz é que não é possível obter, de maneira consistente, altos retornos controlados pelo risco (se precisar, leia de novo o verbete "Retorno controlado pelo risco", p. 197).

A HME se baseia numa hipótese bem simples: no mercado financeiro, há competição e livre entrada. Então, se em determinado momento surgem novas informações que levam o retorno esperado de uma ação a subir de maneira desproporcional a seu risco, o que ocorre? Sim, todos correm, voam, para comprar essa ação. E quem vende, só vende agora por um valor maior. Portanto, seu preço aumenta imediatamente, até o ponto em que de novo volta a refletir toda a informação disponível no mercado.

De fato, preços informacionalmente eficientes são uma mera consequência de vários investidores frenéticos, atentos e espertos correndo atrás de grana. Assim, a HME é uma teoria muito intuitiva, com um jeitão mais parecido com a teoria da seleção natural do que com a teoria da relatividade (que, confesso, não consegui entender direito até hoje).

Mas, neste ponto, você pode estar pensando: "Poxa, mas há algumas informações que só poucas pessoas têm. Para essas, a história do penúltimo parágrafo não vale. O cara com uma informação privada de que o ativo vai subir de preço vai lá e compra o ativo. Como só ele vai fazer isso, o preço do ativo não muda de patamar, ou seja, não se torna informacionalmente eficiente". Bom argumento, bem pensado! Meus leitores são muito inteligentes. Preciso refinar a discussão...

Isso que você pensou é perfeitamente verdade. É por isso que a HME tem três versões, uma muito razoável (a versão fraca), outra bem razoável (a versão semiforte) e outra pouco razoável, meio difícil de acreditar (a versão forte). O que muda de uma versão para a outra é o tipo de informação que a teoria diz estar refletida no preço.

Em sua versão fraca, a HME prevê que toda e qualquer informação referente ao preço histórico do ativo deve estar refletida no preço atual. Ou seja, se no passado o preço subiu, caiu, subiu de novo, e ainda mais um pouco, toda essa dinâmica é conhecida por quem negocia hoje o ativo. Convenhamos, isso é o mínimo, não é mesmo?

Em sua versão semiforte, a HME diz que, além da informação sobre como se comportou o preço do ativo no passado, o preço atual também reflete todas as outras informações que são de domínio público naquele momento – por exemplo, os resultados ruins que já foram divulgados pela empresa. Para ativos líquidos, que são comprados e vendidos frequentemente, isso também é bem razoável.

Por fim, em sua versão forte, a HME inclui ainda as informações privadas. Aqui, ela diz que (i) o histórico do preço, (ii) as informações públicas e (iii) as informações privadas devem estar todas refletidas nos preços. Aí já é um pouco demais... A não ser que a gente acredite que todos

PARTE 2 – ECONOMIA FINANCEIRA **211**

os investidores têm capacidade de alavancagem infinita: nesse caso, aquele carinha que por algum motivo sabe que a ação vai subir só vai parar de comprá-la no momento em que ele entende que o preço está justo, ou seja, a ação se tornou informacionalmente eficiente. Mas quem tem capacidade de alavancagem infinita? Muito poucos.

Então, o que é bem-aceito entre acadêmicos e investidores é a versão semiforte da HME; a versão forte tem uma utilidade mais teórica. Embora seja difícil discordar da versão semiforte da HME, sempre há aqueles que, quando veem a palavra "mercado" aliada à palavra "eficiente", têm uma megaurticária instantânea e saem discordando. Entre esses, há duas bobagens clássicas que são comumente ditas.

Uma delas é algo do tipo: "Se os mercados fossem mesmo eficientes, como diz essa tal de HME, eles teriam previsto essa crise gigantesca!". Esse foi um comentário muito repetido após a crise americana de 2008, por exemplo. E por que essa afirmação está errada? Ora, a HME diz que toda e qualquer informação disponível deve estar refletida no preço. E ponto-final. Ela não diz que o conjunto de informações dos investidores é perfeito. Na verdade, ela não fala nada sobre o conjunto de informações dos investidores! Se ninguém sabia nem previa que tal crise poderia ser desencadeada, ninguém naturalmente deveria se antecipar a ela. Isso está totalmente de acordo com a HME.

A outra bobagem é talvez um pouco mais sutil. É comum ouvirmos que, "se a HME estivesse certa, não haveria bolhas financeiras". Se você já leu o verbete anterior,

"Bolhas financeiras", prossiga. Se não, vá lá e depois volte aqui. Nele, dissemos que bolhas podem existir mesmo que todos saibam que ela existe, ou seja, mesmo que todos saibam que os preços estão inflados. Para isso, basta que nem todos saibam que todos sabem disso. Nesse caso, os investidores que se acham os únicos espertões veem uma oportunidade de surfar por algum tempo na bolha e aí os preços altos, aparentemente irracionais, podem perdurar.

Mas então como fica a HME? Se todos sabem que os preços estão inflados (a informação é pública) e a HME é válida, como é que eles continuam inflados? Os preços não deveriam refletir o conjunto de informação dos investidores? Hein? Bom, a questão aqui é definir direito o que está no conjunto de informações. Além do fato de os investidores saberem que os preços estão errados (informação A), o conjunto de informações deles também contém o dado de eles acharem que há investidores que não sabem disso (informação B). Em conjunto, as informações A e B racionalizam o fato de o preço continuar alto, mesmo com todos sabendo que ele está errado. Assim, as informações A e B estão, sim, ambas refletidas no preço.

Essa conversa toda é bem interessante, dá bastante pano pra manga. Normalmente, as discordâncias que acontecem são porque os termos não estão bem definidos. Quando alguém de fora da área ouve a expressão "hipótese dos mercados eficientes", acha que estamos falando que os mercados são o máximo, sabem tudo. Não, não é isso. Mas também não se pode culpar quem fica confuso com o termo. Talvez, de fato, esse termo não seja muito bom.

Derivativos
(Tão real quanto o seguro do seu carro)

Derivativo é um produto financeiro cujo valor depende (deriva) diretamente do valor de outro ativo. Esse outro ativo, chamado ativo subjacente, pode ser um produto físico (café, ouro etc.) ou outro produto financeiro (ações, taxas de juros etc.).

A principal função de um derivativo é proporcionar um mecanismo de proteção a quem está exposto às flutuações de preço do ativo subjacente. Por exemplo, um plantador de café está naturalmente exposto ao risco das variações do preço do café. No entanto, ao vender um derivativo na Bolsa cujo valor segue de perto o preço do café, ele fica protegido: se o preço do café cai, ele perde, por um lado (vai receber menos por sua safra), mas ganha, por outro (vai ter lucro com o derivativo, pois ele o vendeu). Sem a possibilidade de negociar esse derivativo, o fazendeiro teria de arcar sozinho com todo o risco da variação do preço do café. No entanto, com a existência desse mercado, ele consegue dividir esse risco com outros investidores. Isso é muito bom: ele pode dormir mais tranquilo.

Os derivativos são simplesmente contratos que definem regras de transferência de valores atreladas a situações predefinidas. Essas situações são baseadas no comportamento do ativo subjacente. Uma *apólice de seguro de carro*, por exemplo, pode ser vista como um derivativo. Ela fala que, no caso de você ter perda total no seu carro, a seguradora tem de lhe dar o valor de um carro igual. Quanto vale esse contrato? Vale mais quanto mais caro for o carro – e, naturalmente, quanto maior a chance de você dar perda total. Ou seja, temos aí um contrato cujo valor *deriva* do valor de outro ativo (nesse caso, o carro); temos aí um derivativo.

Voltemos à fazenda de café. Nesse exemplo, o fazendeiro provavelmente vendeu um *contrato futuro* de café, que é um derivativo muito popular. O "contrato futuro" de café funciona da seguinte maneira: ele define uma data futura na qual o comprador do contrato receberá do vendedor 100 sacas de 60 quilos de café. Obviamente, o valor desse contrato depende do valor do café hoje: quanto mais caro o café hoje, mais caro o contrato futuro (para entender isso, pense que quem vende um contrato desses pode comprar hoje as 100 sacas de café e estocá-las para entregar lá na frente).

Há diversos tipos de derivativos. Em linhas gerais, a dinâmica desse mercado é a seguinte: alguém que trabalha no mercado financeiro percebe que alguns agentes da economia estão, por algum motivo, arcando com mais risco do que gostariam. Aí, esse cara desenha um derivativo novo que possibilita o compartilhamento desse risco no mercado. Por "desenha um derivativo" entende-se que ele escreve um contrato, que será negociado no mercado financeiro, cujo valor depende do valor de algum ativo subjacente. O mercado passa a operar esse derivativo, o risco fica mais bem compartilhado e o inventor do derivativo fica rico.

Quanto mais complicadas as regras do contrato, mais difícil de entender exatamente como o preço do derivativo deve depender do preço do ativo subjacente. Vejamos o caso das famosas *opções*.

Ao comprar uma "opção de compra" de um ativo, um investidor adquire o direito de, numa data futura, receber uma quantidade predeterminada do ativo pagando, em contrapartida, um valor também predeterminado. Quando a referida data futura chega, o comprador da "opção de compra" escolhe se quer exercer esse direito de compra ou não. Ou seja, ele tem de fato uma opção – poder comprar ou não o ativo ao preço predeterminado –, e é daí que vem o nome. Por outro lado, o vendedor da opção tem uma obrigação. Ele tem o dever de entregar a quantidade predeterminada do ativo em troca do valor predeterminado, no caso de o comprador assim o desejar.

Exemplo: suponha que uma "opção de compra" de ação da Petrobras com vencimento em um mês tenha um preço de exercício igual a R$ 20. O que isso significa? Significa que, se eu comprar esse derivativo, fico na seguinte situação: daqui a um mês, vou poder escolher se quero receber uma ação da Petrobras pagando em troca R$ 20 ou não. Se eu não quiser, nada acontece. Se eu quiser, quem me vendeu essa opção vai ter de ir ao mercado, comprar a ação da Petrobras ao preço em que ela estiver e me entregar, recebendo R$ 20 por isso. Obviamente, vou querer exercer meu direito de compra no caso de a ação estar valendo, na data do vencimento da opção, mais do que R$ 20.

Qual é o preço justo de uma opção de compra? Essa resposta não é simples. Tanto é que, durante muito tempo, o mercado ficou negociando opções sem saber muito bem como precificá-las. Com todo mundo meio inseguro quanto ao preço justo, esse mercado era bem acanhado, bem miudinho. Até que, em 1973, aconteceu um grande choque tecnológico! Em um artigo acadêmico, o matemático Fischer Black e o economista Myron Scholes apresentaram uma fórmula simples e elegante para calcular o valor justo de uma opção. A matemática por trás da fórmula era um pouco complicada. No entanto, qualquer investidor conseguia aplicar a fórmula pronta. Não requeria prática nem tampouco habilidade.

O impacto dessa nova tecnologia no mercado financeiro foi imenso. Depois dela, o mercado de opções cresceu em ritmo exponencial. Para termos uma ideia, apenas alguns meses depois de o artigo ter sido publicado, a empresa Texas Instruments começou a ganhar rios de dinheiro vendendo calculadoras que faziam a conta do preço de uma opção usando a fórmula Black-Scholes. Não à toa, em 1997, Myron Scholes e Robert Merton (que também contribuiu muito para a literatura de precificação de derivativos) receberam o Nobel de Economia. Fischer Black não recebeu o prêmio, pois havia falecido dois anos antes.

Novos derivativos são criados com frequência. Em geral, isso é muito bom. É uma evolução tecnológica que permite maior compartilhamento de risco entre as pessoas. Com o risco mais bem compartilhado, o mundo anda para a frente de maneira mais suave e eficiente. Mas por que eu disse que *"em geral* isso é muito bom"? Não é sempre? Porque aqui vale uma palavra de cautela. Como dissemos acima, quanto mais complicado o derivativo, mais difícil de entender como lhe dar um preço. A coisa pode ser extremamente complicada. É aí que mora o perigo. Se o mundo começa a operar um derivativo que não está muito bem precificado, a cobra pode fumar. O próximo verbete narra um belo exemplo disso, bem fresquinho na memória de todo mundo.

A crise de 2008
(A conta estava errada e ninguém viu...)

A famosa crise financeira mundial de 2007-2008 foi a segunda pior crise financeira da história global, atrás apenas da Grande Depressão de 1929.

No período entre 2007 e 2008, algumas das mais importantes instituições financeiras do mundo entraram em colapso, ou quase, e o governo americano teve de gastar trilhões de dólares para evitar um "armagedom" do sistema financeiro global. O touro de Wall Street quase foi para o brejo. Em praça pública, profetas barbudos empunharam suas bíblias prevendo aos berros o fim do capitalismo. Pânico. A coisa foi feia. Mas como tudo começou? O que gerou essa crise?

Essa história se inicia no fim da década de 1990, nos Estados Unidos. Depois das crises da Rússia e da Ásia, grandes quantias de dinheiro, que estavam investidas nesses países, jorraram para os Estados Unidos. Parte significativa dessa grana foi canalizada para o crédito imobiliário,

218 ECONOMIA NA PALMA DA MÃO

e, com isso, milhões de americanos, que até então viviam de aluguel, de repente, viram disponível crédito a rodo para comprarem seus imóveis.

A demanda reprimida por esse tipo de empréstimo estava na classe mais pobre da população. Os bancos então relaxaram os critérios para concessão de crédito imobiliário e abriram as torneiras dos empréstimos para tomadores com capacidade de pagamento duvidosa. Esses eram os chamados empréstimos *subprime*, concedidos aos tomadores NINJA (*no income, no job, no assets*, ou "sem renda, sem trabalho, sem bens"). Foi a festa da casa própria. O *boom* na construção de imóveis foi violento, mas, mesmo assim, não impediu que o valor do metro quadrado de área construída disparasse por todo o país. Em 2000, o preço médio de uma casa nova para esse mercado era de US$ 200 mil. Em 2007, já tinha chegado a mais de US$ 300 mil.

Havia, porém, um grande problema nessa história. Até então, com os empréstimos imobiliários respeitando um padrão mínimo de qualidade, a dinâmica da coisa era: os bancos concediam empréstimos a seus clientes, construíam então carteiras com esses ativos (os créditos dos empréstimos) e depois as vendiam ao mercado, inclusive para o governo, através das agências públicas Fannie Mae e Freddie Mac. Os bancos, dessa forma, ficavam responsáveis apenas pela tarefa administrativa e burocrática de cobrar e acompanhar os empréstimos. Todo o risco ficava com os compradores das carteiras, o que era bem-aceito, uma vez que os empréstimos seguiam satisfatórios padrões de qualidade. Bom, isso era antes do *subprime*...

Com a queda na qualidade dos empréstimos, que eram concedidos a torto e a direito, Fannie Mae e Freddie Mac não queriam mais comprar as carteiras de crédito imobiliário dos bancos. O governo sofreu muita pressão dos bancos para que continuasse comprando; isso teve algum resultado, e Fannie e Freddie engoliram um bom tanto de *subprime*, mas, de todo modo, a resistência era grande. Para os bancos isso era péssimo, uma vez que agora eles tinham de carregar em seus balanços carteiras enormes com ativos bem arriscados.

Eis que a criatividade de Wall Street entrou em cena e os bancos bolaram uma "solução" para destravar esse meio-campo. Solução de nome meio complicado: *Collateralized Debt Obligations*, ou CDOs para os íntimos, também conhecidos por *mortgage-backed securities*. O que era isso? Em financês, eram derivativos baseados nas carteiras de empréstimos *subprime* dos bancos. Para traduzir para o português vamos usar um exemplo.

Em 2002, o banco Tangerine Sisters concedeu dois empréstimos para que dois simpáticos americanos, ambos NINJAs, comprassem sua casa própria. Para deixar a coisa simples, vamos supor que cada tomador deveria pagar US$ 100 mil para o banco depois de um ano. Os dois saíram felicíssimos do banco. Baseado no histórico de crédito de cada um deles, o banco calculava que a chance de calote era meio alta, coisa em torno de 10% para cada um. Para as agências do governo isso era muito e elas não podiam comprar a carteira de crédito com esses dois empréstimos. O que o Tangerine Sisters fez? Criou dois produtos a partir desses empréstimos.

Um dos produtos, chamado "CDO sênior", funcionava da seguinte maneira: quem o comprasse, receberia US$ 100 mil do banco depois de um ano, a não ser no caso em que os dois tomadores dessem calote ao mesmo tempo; nesse caso, o dono do CDO sênior receberia zero. O outro produto, o "CDO júnior", pagaria ao seu comprador US$ 100 mil apenas no caso em que ambos os devedores pagassem seus empréstimos. Se apenas um ou nenhum pagasse, o comprador do CDO júnior ficaria com zero.

Vendendo esses dois CDOs, o banco estaria totalmente protegido, ou seja, *hedgeado*. Vejamos. No caso de nenhum calote, o banco receberia US$ 100 mil de cada emprestador e pagaria US$ 100 mil para o dono do CDO sênior e US$ 100 mil para o dono do CDO júnior. No caso de apenas um calote, o banco receberia US$ 100 mil do não caloteiro e pagaria US$ 100 mil apenas para o detentor do CDO sênior. No caso de dois calotes, o banco não receberia nada e não pagaria nada para ninguém.

O grande pulo do gato nessa história, porém, era que agora o banco tinha um ativo com um risco baixo para vender para as agências do governo e para o resto do mercado. Qual? O CDO sênior! Só no caso de ambos os tomadores darem calote, esse ativo não pagaria nada para seu comprador. E qual era a probabilidade de isso ocorrer? Bom, se os calotes de cada tomador fossem considerados eventos independentes (um dar calote não tem nada a ver com o outro dar calote), a probabilidade de ambos darem calote seria de 10% × 10% = 1%.

PARTE 2 – ECONOMIA FINANCEIRA **221**

Agora imaginem que o Tangerine Sisters tivesse feito mil empréstimos em vez de dois e tivesse montado um CDO sênior com esses mil empréstimos. Na hipótese de independência dos calotes, a chance de o CDO sênior não pagar nada para seu comprador (o que ocorreria se os mil tomadores dessem calote) seria 10% elevado a mil, ou seja, zero.

Na realidade, o que os bancos começaram a fazer foi construir CDOs intermediários com suas grandes carteiras de empréstimos. No caso dos mil empréstimos, por exemplo, fizeram um CDO que pagaria US$ 100 mil ao seu comprador caso 999 clientes pagassem seus empréstimos, outro no caso de 998 pagarem seus empréstimos, e assim por diante. Esses CDOs tinham chance de calote também extremamente baixa, sob a hipótese de independência dos calotes.

Bom, vocês já devem ter notado que estamos dando muita ênfase a essa hipótese de independência dos calotes. Pois é... Tem caroço nesse angu. Aconteceu o seguinte: durante vários anos, do fim da década de 1990 a 2007, mais ou menos, as agências de classificação de crédito (Standard and Poor's, Moody's, Fitch) avaliaram os riscos desses CDOs assumindo que os calotes individuais de cada tomador de empréstimo imobiliário eram de fato eventos independentes (ou quase independentes). Assim, os CDOs minimamente sêniores foram todos classificados com nota AAA, ou seja, avaliados como livres de risco de crédito. Foi a festa do caqui. Bancos emprestavam, montavam CDOs, as agências de classificação davam AAA para tudo, e o mercado, Fannie Mae e Freddy Mac inclusive, saiu comprando esses ativos como livres de risco, ou seja, a preços bem elevados. Muita gente surfou nessa onda gigante. Entre 2004 e 2007, foram emitidos, classificados como AAA e vendidos ao mercado ao redor de US$ 1,4 trilhão em CDOs. O dinheiro corria solto. Ouviam-se brindes por tudo quanto é canto de Nova York, até que...

Bom, até que o vento da economia mudou de direção, os juros subiram, as pessoas pararam de comprar casas naquele ritmo frenético e o preço dos imóveis começou a cair. Foi o estouro da bolha imobiliária. E era o gatilho para o desastre financeiro.

Imagine a seguinte situação: a pessoa compra uma casa de US$ 300 mil através de um empréstimo bancário de US$ 300 mil. De repente, a casa começa a valer US$ 280 mil, US$ 270 mil, US$ 260 mil... O que ela faz? Dá calote no empréstimo de US$ 300 mil, perde a casa e, portanto, deixa de pagar US$ 300 mil por uma casa que agora vale US$ 260 mil. E essa moda pegou, lógico! Com os calotes começando a pipocar um atrás do outro, o que o mercado percebeu? Que os calotes não eram eventos independentes! Que todo aquele oceano de derivativos havia sido precificado erradamente!

Voltemos ao exemplo do Tangerine Sisters com seus dois empréstimos. Na hipótese de independência dos calotes, calculamos a probabilidade de o CDO sênior não pagar nada para seu comprador em 1%. No entanto, quanto maior for a relação entre os dois calotes (quanto mais esses eventos andarem juntos), maior a chance de o cenário de

PARTE 2 – ECONOMIA FINANCEIRA 223

calote duplo ocorrer, não é? Utilizando parâmetros razoáveis, a probabilidade de esse CDO sênior fazer água pode facilmente se tornar maior do que 5%. Quando estamos falando de um CDO formado por mais ativos, essa sensibilidade é muito maior.

Assim, quando o mercado percebeu que os calotes não eram eventos independentes, os CDOs foram prontamente reprecificados. Em média, uns 30% para baixo! Quem estava comprando CDOs? O mundo. O que aconteceu? Caos.

O erro de precificação dos CDOs gera muita polêmica até hoje. Será que as agências de classificação acreditavam de fato na hipótese de independência dos calotes? Por exemplo, em maio de 2008, a Moody's disse publicamente que havia atribuído AAA para bilhões de dólares em CDOs por causa de um *bug* em um de seus modelos de precificação[9].

Bug, bug, bang, bang... Esse negócio de dar AAA para os CDOs imobiliários foi durante tempos uma grande mamata para as agências de classificação, que nunca haviam ganhado tanto dinheiro na vida. É fácil imaginar que tinham fortes razões para serem induzidas ao erro. No entanto, é fácil também jogar toda a culpa no colo das agências. E os reguladores, que atrelaram diretamente os requerimentos de capital dos bancos às classificações das agências? E os próprios compradores desses produtos, que acreditaram às cegas na precificação alheia? Todos têm um dedo nessa história.

---

[9] Ver Sam Jones, Gillian Tett e Paul J. Davies, "Moody's error gave top ratings to debt products", *Financial Times*, 20 maio 2008.

Índice remissivo

A

ações 166-168. *Ver também* valor justo de uma ação
alíquota de impostos 67, 68, 69, 77, 78, 142
aposentadoria 87-91
ativo
    financeiro 157, 158, 159, 163, 177, 178, 179, 180, 181, 182, 183,
       184, 185, 186, 188, 189, 190, 191, 192, 193, 194, 196, 197, 198,
       199, 200, 205, 206, 207, 209, 210, 211, 214, 215, 219, 220, 221,
       223, 224
    subjacente 214, 215, 216
aversão ao risco 158, 159, 177, 180-183, 188, 189, 190, 199, 200
auxílio-desemprego 120, 127, 202

B

Banco Central, independência do 133-135
bens
    não excludentes 63
    não rivais 63
    privados 62
    públicos 62-64
bolhas financeiras 206-209
bolsa de valores 163, 177, 178, 179, 183, 185, 201, 214
Bolsa Família 50

C

caderneta de poupança 24, 158, 172, 175-176
câmbio fixo *versus* flutuante 135-139
capital humano 123-124, 151
CAPM (*capital asset pricing model*) 189, 190, 194
cartão de crédito 29

CDO (*Collateralized Debt Obligation*) 220, 221, 222, 223
choque
  adverso de oferta 132
  idiossincrático 168, 186
  sistemático 168
ciclo econômico 110-112, 114, 137
  de expansão 111
  de recessão 111, 192
ciclo eleitoral 133. *Ver também* eleições
consumo
  padrão de 70, 85, 86, 88, 106, 130
  e poupança 105-107
contrato futuro 215
controle de preços 45-48
corrupção 65, 66, 90
covariância 183, 186, 188, 189, 190, 198
crise de 2008 218-224
crowding-out 157
curva de demanda 13, 30-32, 43, 45, 77-78
curva de Laffer 77-78
curva de oferta 33-35, 43, 45
curva de Phillips 127-129
custo
  de oportunidade 35-37
  de produção 37-39, 41, 43, 79, 129, 132
  de transação 96, 98, 99
  fixo 37, 38, 39, 52
  médio 39
  redução de 34
  total 39
  variável 37, 38, 39

D
debênture 157
déficit 22, 70, 142, 148
demanda
  de mercado 32
  elástica 41
  inelástica 41

derivativos 214-218, 220, 223
desemprego 37, 110, 112, 121, 122. *Ver também* taxa de desemprego
  conjuntural (keynesiano) 119
  estrutural 119
desenvolvimento de longo prazo 147-149
desigualdade
  de renda 49, 126, 145
  e pobreza 49-51
dilema dos prisioneiros 91-95
dinheiro
  e economia 26
  e troca 27
direito de propriedade 60, 63, 64, 145-147, 149
dívida 21, 70, 86, 106, 166, 167
  do governo 69, 70, 75, 133, 136, 142, 148
dividendos 167, 169-171, 187, 190

E
economia
  ambiental 57
  aquecida 111, 130, 131, 133, 142, 144
  desaceleração da 113, 117, 130, 138, 140
  desaquecida 111, 130, 131, 132, 168
  e troca 25-26, 27, 28
  informal 82-84
elasticidade 40-42
eleições 133, 134, 143
emprego
  crescimento do 143, 144
  formal 77
  informal 78, 84. *Ver também* economia informal
empresas
  fusão de 52
  informais 82, 83, 84. *Ver também* economia informal
  liquidação de 168
empréstimos
  para empresas 164, 172
  para o governo 164
  subprime 219, 220

ÍNDICE REMISSIVO   **227**

equivalência ricardiana 69-72
equilíbrio de mercado 42-44
estabilidade monetária 64
estagflação 132
exportações e importações 109-110
externalidades
   negativas 54-57, 58, 59
   positivas 60-62

F
fatores de produção 102, 110
fatores de risco 191-196
   financeiros 191
   macro 191
financiamento
   bancário 84
   por venda de ações 167
firmas 37, 95-99
fundos
   ativos (*hedge funds*) 201, 202, 203
   de ações 199
   de investimento 199-203
   de pensão 200
   DI 199
   multimercado 199
   passivos 201

G
governo
   déficit do 22, 70, 142
   dívida do 21, 69, 70, 75, 133, 136, 142
   intervenção do 44, 45, 56, 64

H
hipótese dos mercados eficientes 209-213

I
Ibovespa (Índice Bovespa) 179, 189, 194, 197, 202
importações. *Ver* exportações e importações
impostos 65-69
   arrecadação de 77-78

imposto de renda 21, 67, 68, 69
imposto inflacionário 74-76, 78
inflação 64, 72-74, 75, 76, 78, 111, 127, 128, 129, 130, 131, 132, 133, 134, 135, 136, 137, 138, 139, 141, 142, 147, 148, 161, 173, 174, 175, 192, 193, 196. *Ver também* metas de inflação
investimento
    financeiro 157-160,
    horizonte de 199, 200
    privado 157
    produtivo 107-108, 157, 158
IPO (*initial public offering*) 166
irracionalidade econômica 24

J

juros 130, 131, 132, 133, 134, 137, 138, 140, 160-162, 165, 173, 174, 175, 192, 200, 201, 223. *Ver também* taxa de juros
juro doméstico 136

L

Lei de Okun 143-144
Lei de Responsabilidade Fiscal 141
LFT. *Ver* Tesouro Direto
LTN. *Ver* Tesouro Direto
lucro
    distribuição de 167, 169, 170
    reinvestimento do 169, 170

M

macroeconomia 22-23
    variáveis macroeconômicas 148, 192
Malthus, Thomas (economista) 150, 151, 153
    teoria de (teoria malthusiana) 150-153
máquinas 33, 38, 69, 97, 98, 102, 144, 157
    e salários 125-127
mão de obra 36, 118, 123, 128, 144
meio ambiente 57-60, 81, 104
mercado
    acionário 168
    falha de 55
    livre mercado 42, 44, 55, 56, 58, 79, 80, 81

mão invisível do 44, 52
paralelo 46
primário 166, 167
secundário 167
metas de inflação 139-140
microeconomia 22-23. *Ver também* macroeconomia
moeda
confiança na 28
desvalorização da 76, 138
e troca 27
fiduciária 28
monopólio 51-53, 75, 122
natural 52

N
NTN-B. *Ver* Tesouro Direto
NTN-F. *Ver* Tesouro Direto

O
oferta 42, 43, 44, 73, 80, 81, 135
curva de 33-35, 43, 45
pública inicial. *Ver*: IPO
opção de compra 193, 216

P
perda de peso morto 68, 69
petróleo
preço do 128, 129
"choques do petróleo" 129, 132
PIB (Produto Interno Bruto) 100-102, 134, 146, 151, 185
crescimento do 22, 143, 144, 152
per capita 104, 105. *Ver também*: renda per capita
potencial 110-112, 115, 116, 117
pobreza 49-51, 65, 147
política 134, 137
dos campeões nacionais 53
fiscal 111, 136, 141-143
fiscal anticíclica 142
monetária 111, 130-132, 133, 134, 135, 136, 137, 139, 140

poupança
　e consumo 105-107
　interna 105, 108
　externa 108
　privada 105
　pública 105
　Ver também caderneta de poupança
preço
　controle de 45-48, 52
　de equilíbrio 42, 44
　de mercado 32, 41, 46, 47
　redução de 30, 34
　Ver também rigidez de salários e de preços
prêmio de risco 176-179, 190
prêmio de risco de equilíbrio 178
previdência
　regime de capitalização 88
　regime de repartição 89
　Ver também aposentadoria

R
racionalidade econômica 23-25, 159
recessão 71, 111, 112, 113, 114, 115, 116, 119, 137, 144
　keynesiana 112, 116
renda 102-103
　distribuição de 44, 50
　fixa 14, 163-166, 171, 174, 175, 193
　per capita 103-105, 145, 150
　variável 163-166
restrição orçamentária 29-30, 65, 70, 75, 76
retorno controlado pelo risco 197-199
rigidez de salários e de preços 113-114
risco
　de um ativo 158, 159, 165, 172, 175, 187, 188, 189, 190, 200, 202,
　　208, 209, 210, 215, 217, 219, 221, 222, 223
　sistemático e idiossincrático 183-186
　Ver também aversão ao risco; prêmio de risco; fatores de risco;
　　retorno controlado pelo risco

S

salário 21, 26, 36, 37, 67, 74, 85, 89, 90, 111, 117, 121, 128, 158
    e capital humano 123-124
    e máquinas 124-127
    mínimo 121, 122, 123,
    rigidez de 113-114, 115, 116
subsídio 79-91

T

taxa
    de administração 201, 202
    de desconto 188, 190
    de desemprego 118-119
    de inflação 127
    de juros 164, 165, 173, 178, 187
    de retorno 169, 188, 189, 190
tecnologia 34, 110, 116, 125, 126, 127, 148, 151, 152, 153, 217.
    Ver também máquinas
teoria
    do ciclo de vida 85-87
    malthusiana. *Ver* Malthus, Thomas
    neoclássica dos ciclos econômicos 115-117
Tesouro Direto
    LFT (atual Tesouro Pós-Fixado) 173
    LTN (atual Tesouro Prefixado) 164, 165, 173, 176, 177, 178, 179
    NTN-B (atual Tesouro IPCA) 173, 174, 193
    NTN-F (atual Tesouro Prefixado com Juros Semestrais) 173, 174
títulos
    públicos 157, 158, 163, 164, 171-174, 178, 179, 183, 192, 201
    privados 164, 157
trocas 25-26

V

valor
    de mercado 58, 195
    eficiente (valor de equilíbrio) 44
    valor justo de uma ação 187-191
valuation 187
venda a descoberto 203-206